질문하고 답하기

초등학생용 사회성 기술 훈련 프로그램

질문하고 답하기 2

초판 1쇄 발행 2023년 3월 10일
초판 2쇄 발행 2024년 5월 10일

지은이 김정완 · 강경미
발행인 채종준

출판총괄 박능원
책임편집 유나
디자인 김예리
마케팅 문선영 · 전예리
전자책 정담자리
국제업무 채보라

브랜드 이담북스
주소 경기도 파주시 회동길 230 (문발동)
투고문의 ksibook13@kstudy.com

발행처 한국학술정보(주)
출판신고 2003년 9월 25일 제406-2003-000012호
인쇄 북토리

ISBN 979-11-6983-109-3 14370
      979-11-6983-111-6 (세트)

이담북스는 한국학술정보(주)의 학술/학습도서 출판 브랜드입니다.
이 시대 꼭 필요한 것만 담아 독자와 함께 공유한다는 의미를 나타냈습니다.
다양한 분야 전문가의 지식과 경험을 고스란히 전해 배움의 즐거움을 선물하는 책을 만들고자 합니다.

94
human
therapy

초등학생용 사회성 기술 훈련 프로그램

질문하고 답하기

2

김정완 · 강경미 지음

이담북스

저자의 글

사회적 기술(Social skills)은 우리가 다른 사람들과 상호작용하고 의사소통하기 위해 매일 사용하는 기술입니다. 이 기술에는 말과 몸짓, 표정 등과 같은 언어적, 비언어적 의사소통이 모두 포함됩니다. 사회적 상황에는 행동하는 방법에 대한 기초적인 공통 지식이 있습니다. 다른 사람과 의사소통할 때 겉으로 드러나는 규칙뿐만 아니라 암묵적인 규칙까지 잘 이해하고 그 기술을 효과적으로 사용하는 사람은 어떠한 사회적 상호작용 상황에서도 자신감 있고 성공적인 의사소통을 할 수 있답니다.

사회적 기술은 다른 용어로 '대인관계' 또는 '소프트 기술'이라고도 합니다. 사회적 기술이 잘 발달되어 있으면 개인, 학교, 사회에서 더욱 효과적으로 소통할 수 있고, 성공적인 관계도 만들 수 있습니다. 개인의 역량을 중요시하는 현대 사회에서 더욱 부각되고 있는 기술이지요. 사회적 기술은 타인과 긍정적으로 상호작용하고 관계를 유지해가도록 하는 데 있어서 매우 중요합니다. 특히 새로운 사람을 사귀거나, 좀 더 깊은 관계를 만들고 싶을 때 이러한 기술이 잘 발휘되어야 한답니다. 아이가 말을 한다고 해서 반드시 적절한 의사소통을 한다고 볼 수는 없습니다. 언어 사용 규칙을 배웠더라도 자신이 살아가고 있는 사회적 맥락에 맞춰 일반화하여 적용할 수 있어야 하죠.

사회적 상호작용은 환경이나 상대에 따라 매번 대처 방법이 달라집니다. 따라서 상호작용에 어려움이 발생했을 때 본인 스스로가 그 갈등을 해결할 수 있는 적절한 전략을 구사할 줄 알아야 합니다. 특히 초등학교에 입학하면서부터는 어린이집이나 유치원에 다니던 시절처럼 담임교사가 아이들의 갈등을 나서서 조정해주거나 매 이벤트마다 중재해줄 수가 없기 때문에 학령기 아이들에게 사회적 상호 작용 기술은 더욱 중요한 것이죠.

현대 사회에서는 학교에서나 직업 생활 등에서 '다른 사람의 입장이 되어 자신의 감정을 인식할 수 있는 능력'을 매우 중요하게 여깁니다. 학교와 직업 생활 모두 낯선 이들과 어우러져 친교를 쌓아야 하고, 학습이나 업무를 진행시켜야 하므로 다른 사람의 감정을 이해하고 배려하는 방식으로 반응한다면 갈등 상황에 직면할 일이 줄어들고 관계가 좋아지며 업무의 효율성도 높아지고 때로는 집단 속에서 인기 있는 사람이 될 수도 있습니다.

사회적 기술을 개발하기 위해서는 어떤 요소가 필요할까요?

- **주의와 집중** : 산만함 없이 지속적으로 활동을 수행하고 작업을 완료할 수 있는 능력

- **수용 및 표현 언어 능력** : 구어/문어를 바르게 알아듣고 자신이 원하는 바나 필요한 것, 생각 등을 전달하기 위하여 올바르게 언어를 사용하는 능력

- **놀이기술** : 개인적/집단적 즐거움과 관련된 활동에 올바른 방식을 통해 자발적으로 참여할 수 있는 능력

- **언어전기술** : 직접적인 말을 사용하지 않고 의사소통하는 방식으로 제스처, 표정, 모방, 공동 주의 및 눈 맞춤 등을 일컬음

- **자기조절** : 사회적으로 용인되는 방식으로 과제나 상황에 적합하게 자신의 감정, 행동, 주의 및 활동 수준을 획득, 유지 및 변경하는 능력

- **실행기능** : 높은 수준의 추론, 문제해결 및 사고 능력을 뜻하며 구체적인 목표를 달성하기 위해 순차적인 계획을 세우고 활동을 수행하는 것도 포함함

사회적 의사소통 문제를 가진 아이들은 아주 어린 시기부터 다양한 요소에서 어려움이 나타납니다. 하지만 어른들은 이를 알아채지 못하고 그저 조금 이기적인 아이, 눈치 없는 아이 정도로 생각하는 경우가 많답니다. 이 때문에 아이가 성장하여 본격적으로 타인과 상호작용을 하며 사회적인 관계망을 만들어갈 때가 되어서야 이상함을 감지하게 됩니다. 사회적 상호작용이 어려운 아동에게서 관찰되는 양상과 이로 인해 파생되는 행동 문제들은 쉽게 지나치기 어려울 정도로 아이 자신과 학교, 학원, 놀이 환경 등에서 갈등을 일으킵니다.

사회적 기술에 문제가 있는 아이들은 어떤 특징이 있을까요?

- 지속적인 눈 맞춤이 어렵거나 부담될 정도로 뚫어지게 응시(eye gaze)함
- 대화 상대와 말을 주고 받으며 교대로 말하는 것(turn taking)을 어려워 함
- 적절한 신체 언어를 사용하는 데 어려움을 보임
  (예: 대화할 때 얼굴을 너무 가까이 대고 말하거나, 이상하게 보일 정도로 멀리 떨어져 앉음)
- 정중한 의사소통 방식을 사용하지 않음
- 대화를 적절하게 시작하고 끝내지 못함
- 대화를 할 때에 주제 유지가 어렵고, 이야기 도중 관련 없는 말을 많이 함
- 경험이나 생각, 이야기를 길게 말할 때 구체적이고 효율적으로 설명하는 것이 어려움
- 대화할 때 같은 정보를 반복하고, 자신의 관심 주제에 대해서만 이야기하는 경향이 있음
  (예: 수학 문제 풀이, 좋아하는 TV 프로그램 등에 대한 반복적인 회상)

- 다른 사람이 하는 말에 거의 또는 전혀 관심을 보이지 않음

- 풍자, 관용구, 농담 등을 잘 이해하지 못함

  (예: 모두가 웃고 있을 때 혼자서만 어떤 지점에서 웃어야 할지 또는 왜 웃는지를 파악하지 못함)

- 타인의 말을 문자 그대로 해석하고 숨겨진 의도나 뜻을 이해하는 것이 어려움

- 목소리 톤의 변화나 얼굴 표정의 미세한 변화, 신호 등을 잘 읽을 수 없음

- 상황 파악을 잘 못하거나, 의사소통 내용이 명확하지 않아도 재설명을 요청하지 않음

- 낯선 사람이나 친하지 않은 사람에게 (지나치게) 개인 정보를 공개하는 경향을 보임

  (예: 엘리베이터 안에서 처음 만난 동네 사람에게 가족 이야기를 상세하게 말함)

- 상호작용하는 상대방에 따라 다른 태도나 의사소통 방식을 취하는 것이 어려움

  (예: 할아버지와 어린 동생에게 각각 말투나 태도를 맞춰서 바꾸지 못함)

- 놀림, 분노, 실패, 실망 등의 감정에 적절하게 대응하지 못함

- 공감 능력이 부족함

- 상상력이 부족함

  (예: 수업시간에 상상력이 요구되는 자유주제 글쓰기에 어려움을 겪을 수 있음)

- 자기중심적인 모습을 보임

- 집단에서 함께 논의하여 결정한 상황이나 내용에 순응하지 않고 내 방식만을 고집함

- 숫자, 코드로 반응하는 것을 즐기기도 하고 좀 더 선호하는 경향이 있음

- 특정 환경에서 행동 문제를 보임

  (예: 교실에서 또래의 머리를 잡아당기거나, 선생님에게 엄마한테 하듯이 떼를 부리면서 대들거

  나 하는 행동)

사회적 의사소통에 문제를 가지는 대표적인 진단 중에는 '자폐스펙트럼장애 (Autism Spectrum Disorder)'가 있습니다. 사회적 상호작용 문제를 가진 경우, 자폐스펙트럼장애와 혼동할 수 있습니다. 사회적 의사소통문제를 가진 경우와 자폐스펙트럼장애는 명확하게 다릅니다. 사회적 목적을 가지고 의사소통에 참여하는 것이 어렵다는 점에서 이 둘은 공통된 특성을 가지지만 분명한 차이가 있답니다. 자폐스펙트럼장애를 가진 경우, 상동행동(목적이나 기능이 확실하지 않은 일정하고 규칙적인 반복 행동. 손가락 흔들기, 몸을 앞뒤/좌우로 움직이기 등)을 보이거나, 절차를 중시하는 성향과 강박적인 태도를 나타내기도 합니다. 또, 비정상적으로 흥미의 영역이 좁고 제한된 관심사를 가집니다. 특히, 또래 관계에 대한 관심이나 시도가 현저하게 적은 것이 특징이죠. 이는 사회적 의사소통 문제를 가진 아동들에게는 관찰되지 않는 특징입니다. 일부 사회적 의사소통 문제를 가진 아이들 중 제한된 관심사를 나타내는 경우가 있으나, 자폐스펙트럼장애로 진단되기에는 충분하지 않은 수준이고 또래나 사람 간의 관계에 대한 흥미에는 비정상적인 제한을 보이지 않는답니다.

본서에서는 아동의 사회성 향상에 도움이 되는 활동을 제공하여 우리 아이들이 좀 더 나은 상호작용 기술과 전략, 지침을 갖고 그룹 환경에 노출될 수 있도록 돕고자 합니다.

사회성 향상에 도움이 되는 활동들

- **시각 자료** : 대화를 시작할 때 기억해야 할 규칙들을 시각화하기

- **역할극** : 아는 사람이 아무도 없는 상황(예: 놀이터, 생일파티, 게임, 전학 등)에 합류할 때 본인
  이 어떻게 반응하면 좋을지 연습하기

- **다양한 감정을 이해하고 연습하기**

- **차례 지키기, 지는 것 연습하기** : 누구의 차례인지를 인지하고 항상 '승자'가 될 수 없다는 것
  을 받아들이도록 연습하기

- **대화에 기여하기** : 대화의 원활한 진행을 위해 본인이 기여할 수 있는 다양한 방법(예: 질문
  하기, 말한 내용에 대해 언급하기, 주제와 관련된 내용 추가하기)을 생각해 보기

- **역할극 및 자가 피드백** : 역할극을 통해 부적절한 의사소통 시도나 반응을 분석하고 수정하기

    위에서 열거한 활동들 외에도 수십 가지의 다양한 활동을 통해 아동이 친구들과 게임
을 하거나, 대화하거나, 같은 취미로 동아리 활동을 하거나, 운동을 하는 등의 단체 생활
에서 적절하게 소통하고 관계를 맺을 수 있도록 도울 수 있습니다. 아이가 소외감을 느끼
지 않고 그룹 속에서 어우러질 수 있게 치료사나 상담사, 교사, 학부모 등 모두가 적극적
으로 도움을 주어야 합니다. 부디 본서가 이런 도움의 일환으로 잘 활용되길 기대해 봅니
다. 저술하는 기간 동안 콘텐츠에 대한 조언을 해준 이영민, 김은미 언어재활사에게 심심
한 감사의 인사를 전합니다.

대표 저자 씀

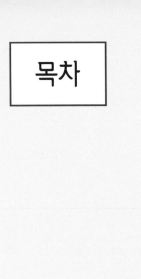

목차

- 《질문하고 답하기》는 1권과 2권으로 나뉘어 있습니다. 1장~3장은 1권에, 4장~6장 및 부록은 2권에 담았습니다.
- 오려내는 활동 자료는 책 뒷부분에 모아 실었습니다. (136쪽~154쪽)

4

학교/학원
상황 예절

수업 시간에는 어떻게 해야 할까요?

다음 이야기를 보고 어떤 상황인지 생각하며 이야기 나누어 봅시다.

학교 수업 시간, 동민이는 열심히 선생님 말씀을 들으며 수업에 집중하고 있었어요. 채연이는 일어나 교실을 돌아다녔어요. 선생님은 채연이에게 "채연아, 수업 시간에는 자리에 앉아 있어야 한단다."라고 말씀하셨어요. 승연이는 스마트폰을 꺼내 동영상을 틀었어요. 태주는 책상에 엎드려 잠을 잤어요. 그래서 반장인 수정이는 "승연아, 수업 시간에 휴대폰 하면 안 돼! 태주야, 일어나"라고 말했어요. 동민이는 짜증이 났어요.

생각 넓히기

1 무슨 일이 일어났는지 이야기해 봅시다.

2 채연, 승연, 태주의 행동은 무엇이 잘못되었나요?

3 수업 시간에 채연, 승연, 태주처럼 행동해서는 안 되는 이유가 무엇일까요?

4 채연이의 행동을 본 선생님과 동민이의 얼굴 표정을 상상하며 어떤 생각과 감정이 들었을지 말해 봅시다.

5 수업 시간에 지켜야 할 규칙을 생각하여 말해 봅시다.

6 나와 친구들의 수업 시간을 떠올리며 어떻게 행동하는지 이야기해 봅시다.

🏠 수업시간에 해도 되는 행동과 하면 안 되는 행동에 대해 정리해 봅시다.

✏️ 수업시간에는 어떻게 행동해야 할까요?

1

2

3

4

5

6

✏️ 수업시간에 하면 안 되는 행동은 무엇이 있나요?

1

2

3

4

5

6

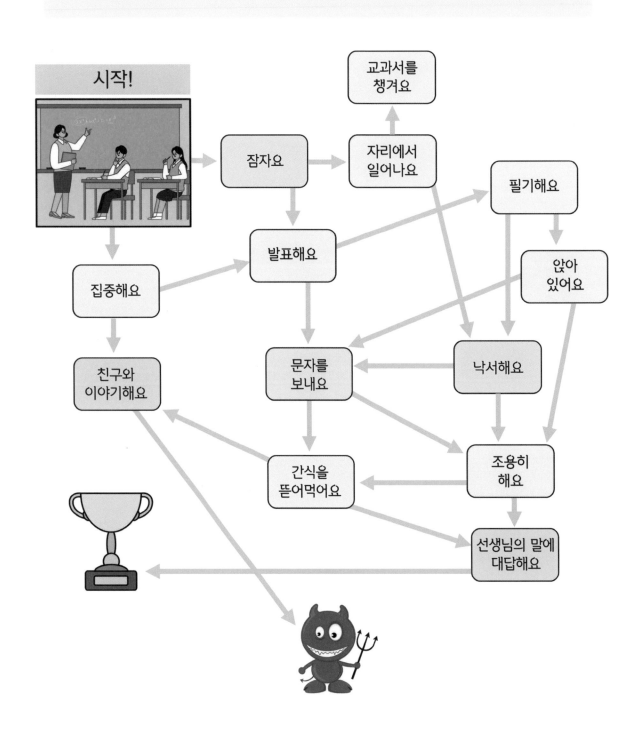 다음 제시된 퍼즐을 풀어 봅시다.

1. 수업 시간에 해도 되는 행동을 선택하여 화살표를 따라가면 상을 받을 수 있어요!

2. 수업 시간에 하면 안 되는 행동을 선택하여 화살표를 따라가면 악마가 나온답니다.

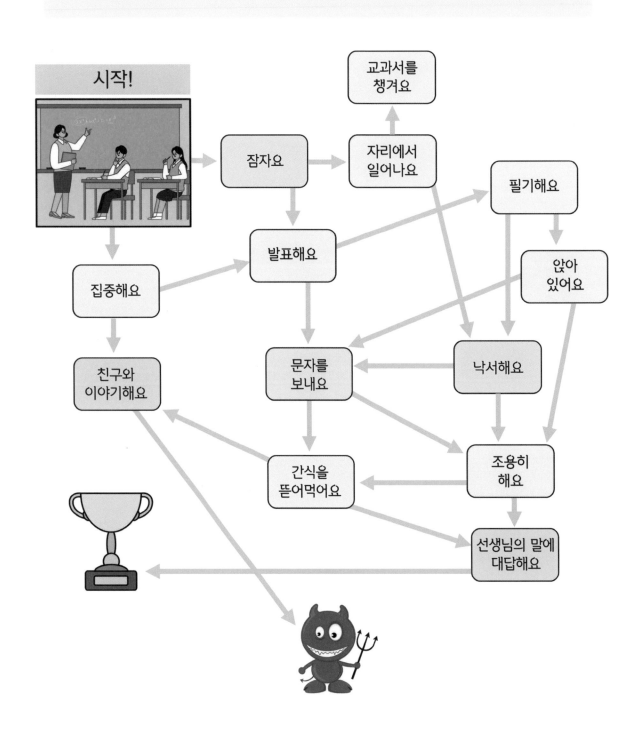

🏠 활동 자료에 제시된 저금통 도안(p.139)을 오려 '나의 수업 시간 저금통'
을 만들어 봅시다. 동전 도안(p.141)도 함께 오려주세요.

✏️ 동전을 완성된 저금통에 하나씩 넣어 봅시다. 수업 시간에 해야 하는 행동
과 하지 말아야 할 행동을 나누어 넣어 보세요.

소리를
질러요

바른 자세

나의 수업 시간

🏠 다음 제시된 글자 퍼즐을 맞춰 보세요. 세로, 가로, 대각선에 다양한 낱말
들이 숨어있답니다.

다음 단어를 퍼즐에서 찾아 보세요.

- 제시어 (1) – 하면 안돼요!

  잠자요, 문자, 전화, 장난쳐요, 이야기, 돌아다녀요, 게임, 밖으로나가요,
  소리질러요, 낙서, 엎드려요, 간식, 일어나요

- 제시어 (2) – 이렇게 해요!

  공부, 필기, 선생님봐요, 바른자세, 앉아요, 집중, 발표, 질문, 대답,
  조용히해요

일	어	나	요	장	밖	대	답	전	질	문
수	잠	대	난	세	차	으	코	화	본	소
비	자	쳐	자	주	공	임	로	해	수	리
카	요	른	간	차	세	부	선	나	요	질
앉	바	관	식	집	중	돌	생	조	가	러
아	필	기	장	소	천	아	님	용	낙	요
요	야	톤	문	자	자	다	봐	히	서	유
이	용	발	정	강	문	녀	요	해	게	하
접	벨	표	엎	드	려	요	재	요	미	임

다음 단어를 퍼즐에서 찾아 보세요.

- 제시어 (1) – 하면 안돼요!

  그림그려요, 음악을들어요, 책을구겨요, 친구를건드려요, 머리를계속만져요, 연필을돌려요

- 제시어 (2) – 이렇게 해요!

  받아적어요, 교과서를준비해요, 토론해요, 칠판을봐요, 모둠을만들어요

소	라	지	도	해	연	포	장	친	때	리
책	을	구	겨	요	필	실	두	구	그	창
사	호	토	칠	판	을	봐	요	를	림	음
박	탕	시	론	파	돌	검	주	건	그	악
조	장	새	초	해	려	사	장	드	려	을
강	받	아	적	어	요	회	문	려	요	들
리	머	리	를	계	속	만	져	요	줄	어
터	장	사	적	모	둠	을	만	들	어	요
교	과	서	를	준	비	해	요	계	민	재

친구가 되어요

다음 이야기를 보고 어떤 상황인지 생각하며 이야기 나누어 봅시다.

우리 반에 송이가 전학을 왔어요. 혜지는 송이와 친해지고 싶었어요. 하지만 어떻게 다가가야 할지 몰라 우물쭈물하며 송이를 힐끔힐끔 쳐다보기만 했어요.

그 때, 우석이가 송이에게 말을 걸었어요.

"안녕, 나는 신우석이라고 해. 이거 내가 좋아하는 젤리인데 너도 먹어 볼래?"

송이는 고개를 끄덕였고, 둘은 함께 앉아 젤리를 나눠 먹으며 서로 좋아하는 간식과 취미에 대해 이야기를 나누기 시작했어요.

생각 넓히기

1 무슨 일이 일어났는지 이야기해 봅시다.

2 송이에게 혜지와 우석이는 각각 어떻게 행동했나요?

3 친구가 되기 위해서는 혜지와 우석이 중 누구처럼 행동해야 할까요?

4 우석이의 행동을 보고 송이는 어떤 생각이 들었을까요?

5 새로운 친구를 사귀고 싶을 때에는 어떤 표정과 행동을 할 수 있을까요?

6 새로운 친구를 사귀고 싶을 때, 처음 건넬 수 있는 표현을 생각해 봅시다.

🏠 다음 질문에 답하세요. (거울을 준비해 주세요)

1) 친구에게 처음 말을 걸 때에는 어떤 표정을 지어야 할까요? 정답을 쓴 후, 직접 거울을 보며 표정을 지어 봅시다.

· ·

· ·

2) 친구에게 호감을 얻기 위해서는 어떤 복장과 차림새가 좋을까요?

· ·

· ·

3) 친구에게 처음 다가갈 때, 어떤 주제의 이야기를 꺼내는 것이 자연스러울까요? 다음 중 내가 친해지고 싶은 친구에게 처음으로 다가갈 때, 말하고 싶은 주제에 'O' 해 보세요.

좋아하는 것	이름이나 개인적인 정보	먹을 것 나누기	칭찬하기
놀이 또는 게임	내 소개하기	친해지고 싶다고 말하기	도움 청하기

4) 위의 3번 문제에서 고른 대화의 주제로 친해지고 싶은 친구에게 처음 건넬 말을 적어 보세요.

· ·

· ·

5) 친해지고 싶은 친구에게 처음 말을 걸 때 어떤 목소리가 좋을까요? 목소리의 톤과 크기, 적절한 속도를 생각하여 적고, 직접 말해 봅시다.

．．．

．．．

6) 친해지고 싶은 친구에게 말을 걸고 싶다면, 친구가 어떤 상황일 때 다가가는 것이 좋을까요?

．．．

．．．

7) 친해지고 싶은 친구에게 말을 걸 때 시선을 어디에 두면 좋을까요? 처음 말을 걸 때와 이야기를 하는 도중에 시선 처리를 어떻게 하는 것이 자연스러운지 적고, 연습해 봅시다.

．．．

．．．

8) 친구와 다음에 또 만나기 위해서는 어떻게 해야 할까요? 친구와 자주 만나기 위해서는 무엇을 물어 보아야 하는지 생각해 봅시다.

．．．

．．．

친구에게 다가갈 때에는 어떻게 해야 할까요? 알맞은 답을 써 봅시다.

어떤 모습이 좋을까?

어떤 목소리를 내야 할까?

• 크기는?

• 높이(톤)는?

• 속도는?

어떤 표정이 좋을까?

어떤 주제로 이야기할까?

🏠 친해지고 싶은 친구에게 다가가는 3단계 방법을 살펴보고, 친해지고 싶은 친구에게 다가갈 때 어떤 말을 할 수 있는지 말풍선 안에 써 봅시다.

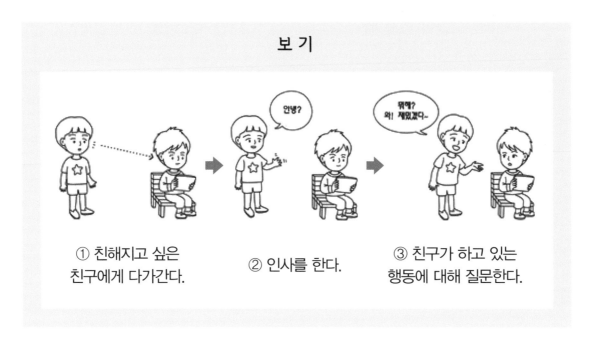

1) 쉬는 시간에 책을 보고 있는 친구에게 다가가 보자!

💡 더 나아가기

• 친구와 다양한 주제로 이야기를 나눌 수 있어요. 내가 좋아하는 음식이나 좋아하는 게임 등에 대해서 이야기를 할 수도 있죠. 여러분들은 어떤 주제로 이야기하고 싶나요? 잘 생각하여 위의 말풍선에 적어 보세요!

• 내가 어떤 모습일 때, 친구가 나를 좋아할까요? 더러운 모습? 깨끗한 모습? 잘 생각하여 위의 말풍선에 적어 보세요!

2) 수다를 떨고 있는 친구들에게 다가가 보자!

3) 휴대폰 게임을 하고 있는 친구들에게 다가가 보자!

4) 청소를 하고 있는 친구에게 다가가 보자!

5) 기분이 좋지 않아 보이는 친구에게 다가가 보자!

정해진 자리와 정해지지 않은 자리

다음 이야기를 보고 어떤 상황인지 생각하며 이야기 나누어 봅시다.

　　즐거운 급식 시간, 아이들은 학교 식당으로 가서 밥을 먹었어요. 민영이는 급식실에서 맛있는 점심을 받아 평소 항상 앉았던 자리로 갔어요. 때마침 그 날 다른 친구가 그 자리에 앉아 있었어요. 민영이는 얼굴을 찌푸린 채 "여기 내 자리야! 비켜!"라고 소리쳤어요. 선우는 어리둥절한 표정으로 말했어요. "자리가 정해진 곳도 아닌데 여기가 왜 네 자리니? 다른 곳에 가서 먹어."

　　하지만 민영이는 계속 밥을 먹는 선우 옆에서 자신의 자리니 비키라고 말하며 화를 냈어요.

생각 넓히기

1　무슨 일이 일어났는지 이야기해 봅시다.

2　민영이의 행동은 무엇이 잘못되었나요?

3　위의 상황에서 민영이는 어떻게 했어야 할까요?

4　자리에 앉아 밥을 먹던 친구들은 민영이로 인해 어떤 생각과 감정이 들었을까요?

5　자리가 정해진 곳과 정해지지 않은 곳은 어떤 장소들이 있는지 생각하여 말해 봅시다.

6　자리가 정해진 곳과 정해지지 않은 곳에서 지켜야 하는 규칙은 무엇이 있을까요?

🏠 [보기]와 같이 자리가 정해져 있는 경우에는 '☆'를, 정해지지 않은 자리는 'ㅇ'를 그려 봅시다.

보 기

놀이터에서 놀아요	공원 벤치에 앉아요	연주회를 갔어요
○	○	☆

영화관에서 영화를 봐요	식당에서 밥을 먹어요	기차를 탔어요	학교에서 수업을 들어요	시내버스를 탔어요

지하철을 탔어요	급식실에서 밥을 먹어요	도서관에 갔어요	미술학원에 가서 그림 그려요	카페에 갔어요

아빠 자동차를 타요	고속버스를 타고 멀리 이동해요	비행기를 타요	공원 벤치에 가요	놀이공원에서 기구를 타요

상황을 보고 상대방과 대화를 하는 나의 모습(표정)을 그린 후, 말풍선에 적절한 표현을 써 봅시다.

나의 모습을 그려주세요.

수업 시작 바로 전, 교실에서 내 자리에 앉아 있는 친구가 있어요.
뭐라고 해야 할까요?

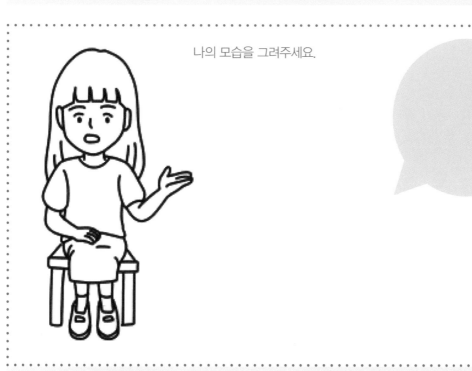

나의 모습을 그려주세요.

기차를 탔는데, 예약된 내 자리에 다른 사람이 앉아 있어요.
뭐라고 말해야 할까요?

나의 모습을 그려주세요.

급식실에 갔더니 내가 꼭 앉고 싶은 자리에 다른 사람이 앉아 있어요.
뭐라고 말해야 할까요?

나의 모습을 그려주세요.

영화관에 갔는데 정해진 내 자리와 다른 사람의 자리를 바꾸고 싶어요.
뭐라고 말할 수 있을까요?

나의 모습을 그려주세요.

카페에 앉아 주스를 마시고 있는데, 어떤 사람이 와서
내가 지금 앉아 있는 자리에 앉고 싶다고 해요. 뭐라고 말할 수 있을까요?

나의 모습을 그려주세요.

비행기를 탔는데, 어떤 사람이 다가와 자신의 자리와 바꾸자고 말해요.
어떻게 할 수 있을까요?

나의 모습을 그려주세요.

고속버스에서 좌석표를 확인한 후, 자리에 앉았는데,
어떤 사람이 다가와 자신의 자리라고 말해요. 어떻게 해야 할까요?

나의 모습을 그려주세요.

도서관에서 자리에 앉아 공부를 하고 있는데,
어떤 사람이 다가와 자신의 자리라며 비키라고 해요. 어떻게 할 수 있을까요?

🏠 아이들의 생각을 잘 살펴보고 어디에, 어떻게 앉으면 좋을지 말해 봅시다.

현재 아이들이 앉아 있는 상태

• 이름이 적힌 곳은 이미 그 아이가 앉아 있는 곳이에요!

• 이름이 없는 동그라미는 아이들이 앉을 수 있는 빈자리랍니다.

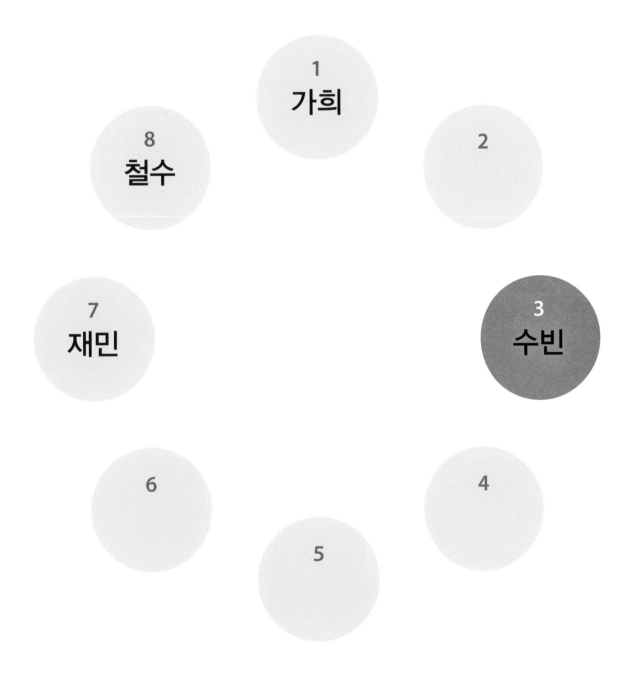

1 민수

- 민수의 생각: "나는 철수 옆에 앉고 싶어!"
- 해결 방법

  - 민수가 앉고 싶은 자리에는 어떤 문제가 있나요?
  - 민수는 어떻게 해야 할까요?
  - 민수가 할 수 있는 말은 무엇일까요?
  - 민수는 몇 번 의자에 앉게 될까요?

2 혜림

- 혜림이의 생각: "빨간색 자리에 앉고 싶은데.."
- 해결 방법

  - 혜림이가 앉고 싶은 자리에는 어떤 문제가 있나요?
  - 혜림이는 어떻게 해야 할까요?
  - 혜림이가 할 수 있는 말은 무엇일까요?
  - 혜림이는 몇 번 의자에 앉게 될까요?

3 수아

- 수아의 생각: "선생님이 7번 자리에 앉으라고 정해주셨어."
- 해결 방법

  - 수아가 앉아야 하는 자리에는 어떤 문제가 있나요?
  - 수아는 어떻게 해야 할까요?
  - 수아가 할 수 있는 말은 무엇일까요?
  - 수아는 몇 번 의자에 앉게 될까요?

4 민교와 주환

- 민교의 생각: "나는 4번 자리에 앉아야지!"
- 주환이 생각: "나는 4번 자리에 앉아야지!"
- 해결 방법

  - 민교와 주환이가 앉고 싶은 자리에는 어떤 문제가 있나요?
  - 민교와 주환이는 서로 어떻게 해야 할까요?
  - 민교와 주환이는 서로 어떤 말을 할 수 있을까요?
  - 결국 민교와 주환이는 어떤 자리에 앉게 될까요?

5 이미 자리에 앉아 있는 재민

- 재민이의 생각: "가희랑 자리 바꾸고 싶다."
- 해결 방법

  - 재민이가 앉고 싶은 자리에는 어떤 문제가 있나요?
  - 재민이는 어떻게 해야 할까요?
  - 재민이가 할 수 있는 말은 무엇일까요?
  - 재민이는 몇 번 의자에 앉게 될까요?

6 이미 자리에 앉아 있는 수빈

- 수빈이의 생각: "이 자리에 계속 앉아 있고 싶어!"
- 해결 방법

  - 만약 수빈이에게 자리를 바꿔달라고 하거나, 양보해달라고 말하는 친구가 나타
    난다면 어떻게 해야 할까요?
  - 자리를 옮기고 싶지 않을 때에는 어떻게 말할 수 있을까요?
  - 상대방이 막무가내로 자리를 비키라고 한다면 어떻게 대처해야 할까요?

청소할 시간이에요

🧑 다음 이야기를 보고 어떤 상황인지 생각하며 이야기 나누어 봅시다.

    수업을 모두 마치고 청소 시간이 되었어요. 아이들은 저마다 청소 도구를 하나씩 들고 맡은 구역을 열심히 치우고 있었어요. 은서는 책상에 앉아 휴대폰 게임을 했어요. 청소를 열심히 하던 창우는 은서에게 "야! 너는 왜 안하고 있어? 너도 어서 청소해야지."라고 말했어요. 은서는 마지못해 대걸레를 가지고 왔어요. 바싹 말라있는 대걸레를 들고 이리저리 왔다 갔다 하는 은서를 본 창우는 인상을 찌푸리며 말했어요. "너 지금 뭐하고 있는 거야!" 은서는 어리둥절한 표정으로 창우에게 말했어요. "왜? 이렇게 청소하는 거 아니야?"

생각 넓히기

1 무슨 일이 일어났는지 이야기해 봅시다.

2 은서의 행동을 본 친구들은 어떤 생각과 감정이 들었을까요? 은서의 청소 방법은 무엇이 잘못되었나요?

3 주변 사람들이 청소를 하면 나는 어떻게 해야 하나요?

4 교실을 청소하려고 할 때, 어떤 일들을 해야 할까요?

5 교실을 청소할 때 필요한 도구를 말하고, 각 도구의 사용 방법을 이야기해 봅시다.

6 교실 외에도 내가 스스로 청소할 수 있는 곳을 생각하여 말해 봅시다.

다음 제시된 청소 도구의 이름을 말해 봅시다. 그리고 알맞은 짝꿍끼리 연결시킨 후, 각각 청소 도구의 사용 방법을 설명해 봅시다.

쓰레받기

전기코드

창문 닦는 걸레

빗자루

청소기

주방 세제, 스펀지

고무장갑

유리 세정제

🏠 p.37에서 줄을 그어 연결한 청소 도구의 명칭을 아래 네모 칸에 적어 보아요. 그리고 다음 질문에 올바르게 답해 봅시다.

청소 도구 명칭을 쓰세요.

청소 도구 명칭을 쓰세요.

무엇을 할 때 필요한 도구일까요?
위의 청소 도구를 활용하여 청소하는 방법을 순서대로 써 봅시다.

청소 도구 명칭을 쓰세요.

청소 도구 명칭을 쓰세요.

무엇을 할 때 필요한 도구일까요?
위의 청소 도구를 활용하여 청소하는 방법을 순서대로 써 봅시다.

청소 도구 명칭을 쓰세요.

청소 도구 명칭을 쓰세요.

무엇을 할 때 필요한 도구일까요?
위의 청소 도구를 활용하여 청소하는 방법을 순서대로 써 봅시다.

청소 도구 명칭을 쓰세요.

청소 도구 명칭을 쓰세요.

무엇을 할 때 필요한 도구일까요?
위의 청소 도구를 활용하여 청소하는 방법을 순서대로 써 봅시다.

🏠 다음 장면을 보고 어떤 청소 도구를 사용하여 어떻게 청소하면 되는지 써 봅시다.

바닥

어떻게 청소해야 할까요?

창문

어떻게 청소해야 할까요?

식사 후 남겨진 식기

어떻게 청소해야 할까요?

지저분한 책상

어떻게 청소해야 할까요?

더러워진 옷

어떻게 청소해야 할까요?

쏟아진 물

어떻게 청소해야 할까요?

가득찬 쓰레기통

어떻게 청소해야 할까요?

어지럽혀진 책장

어떻게 청소해야 할까요?

🏠 '빗자루 만들기' 활동을 하면서 청소하는 방법에 대해 이야기 나누어 봅시다.

1) p.143에 있는 빗자루 손잡이를 가위로 자른 후, 빗자루 솔을 만들어 붙여보아요.

2) p.145에 있는 빗자루 솔에 적힌 질문을 읽고 답한 후, 가위와 풀을 사용하여 빗자루 솔을 만들어 붙여 봅시다. 가위로 점선을 따라 자른 후, 돌돌 말아 붙이면 된답니다!

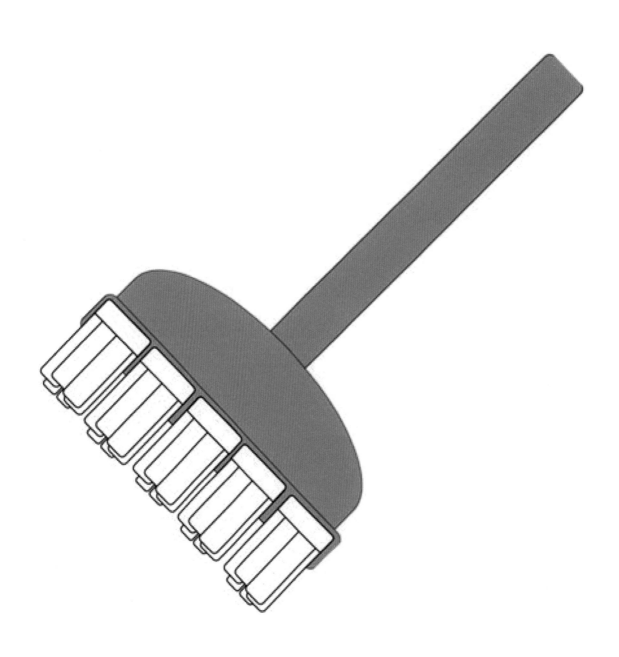

수업 시간이 지루할 때

다음 이야기를 보고 어떤 상황인지 생각하며 이야기 나누어 봅시다.

보라는 수업 시간이 무척 지루했어요. 그래서 연필로 교과서 한 귀퉁이에 낙서하기 시작했어요. 하지만 이내 선생님의 시선을 느끼고 멈추었어요. 잠시 후, 보라는 짝꿍에게 장난을 쳤어요. 선생님은 보라를 향해 "보라야, 수업을 집중해서 들어야지."라고 말씀하셨어요. 하지만 또다시 보라는 선생님 몰래 휴대폰으로 아이돌 사진을 보았어요.

생각 넓히기

1 무슨 일이 일어났는지 이야기해 봅시다.

2 보라의 행동은 무엇이 잘못되었나요?

3 보라의 행동을 본 주변 사람들은 어떤 생각과 감정이 들었을까요?

4 수업 시간에 하지 말아야 하는 행동에 대해 말해 봅시다.

5 수업 시간이 지루하거나 졸리면 어떻게 해야 할까요?

6 학교에서 지루하다고 생각했던 수업에 대해 말하고, 나는 어떻게 했었는지 떠올려 이야기해 봅시다.

🏠 다음은 '수업 시간에 지켜야 하는 약속'에 대한 내용이 적힌 퍼즐입니다. p.147~149에 있는 퍼즐 조각을 잘라 맞추며 퍼즐 판에 어떤 약속들이 적혀 있는지 말해 봅시다.

✏️ [퍼즐 판 1] 퍼즐 조각 1을 붙여주세요.

✏️ [퍼즐 판 2] 퍼즐 조각 2를 붙여주세요.

✏️ [퍼즐 판 3] 퍼즐 조각 3을 붙여주세요.

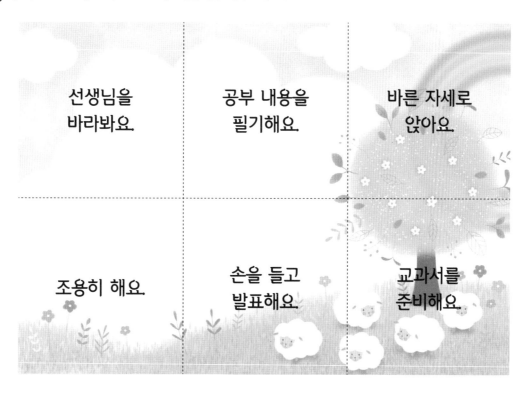

선생님을 바라봐요.	공부 내용을 필기해요.	바른 자세로 앉아요.
조용히 해요.	손을 들고 발표해요.	교과서를 준비해요.

✏️ [퍼즐 판 4] 퍼즐 조각 4를 붙여주세요.

엎드려서 필기하기 마세요.	수업에 방해되는 시끄러운 소리를 만들지 말아요.	수업과 관련 없는 책을 보면 안 돼요.
부산스럽게 움직이지 말아요	발표할 때는 자신감 넘치는 목소리로!	친구의 발표를 경청해요.

🏠 다음 제시된 암호를 풀어 수업 시간 도중 졸릴 때 할 수 있는 행동은 무엇이 있는지 알아 봅시다.

보 기

□	▲	●	☏	◆	→	Σ	※
ㄱ	ㄴ	ㄷ	ㄹ	ㅁ	ㅂ	ㅅ	ㅇ
∴	■	▽	☞	↕	Ω	♫	◎
ㅈ	ㅊ	ㅋ	ㅌ	ㅍ	ㅎ	ㄲ	ㄸ
∩	+	=	∫	♪	☎	印	iii
ㅆ	ㅉ	ㅃ	ㅏ	ㅓ	ㅗ	ㅜ	―
÷	·	V	《	〖	◇	CC	↘
ㅣ	ㅔ	ㅐ	ㅘ	ㅖ	ㅞ	ㅙ	ㅟ

✏️ 위의 보기에서 암호를 찾아 해당하는 자음/모음을 써보세요.

Ω	《	∴	∫	※	Σ	÷	☏	□	∫	□	÷

✏️ 정답은 무엇일까요?
· ·

✏️ 수업 시간 중 너무 졸릴 때, 위의 '정답'에 적힌 행동을 하려면 어떻게 해야 할까요? 수업 시간에 방해되지 않는 범위에서 위의 행동을 하는 방법에 대해 생각해 보고, 위의 행동을 너무 자주하거나, 오래 하면 어떤 점이 안 좋을 지에 대해서도 이야기 해 봅시다.

□	▲	●	☎	◆	→	Σ	※
ㄱ	ㄴ	ㄷ	ㄹ	ㅁ	ㅂ	ㅅ	ㅇ
∴	■	▽	☞	↕	Ω	♫	◎
ㅈ	ㅊ	ㅋ	ㅌ	ㅍ	ㅎ	ㄲ	ㄸ
∩	+	=	∫	♪	☎	印	ⅲ
ㅆ	ㅉ	ㅃ	ㅏ	ㅓ	ㅗ	ㅜ	ㅡ
÷	·	∨	≪	〖	◇	cc	↘
ㅣ	ㅔ	ㅐ	ㅘ	ㅖ	ㅕ	ㅙ	ㅟ

✏ 위의 보기에서 암호를 찾아 해당하는 자음/모음을 써보세요.

Σ	ⅲ	☞	ⅲ	☎	·	■	÷	※

✏ 정답은 무엇일까요?

· ·

✏ 지루한 수업 시간 중, 위의 '정답'에 적힌 행동을 하려면 어떻게 해야 할까요? 수업 시간에 방해되지 않는 범위에서 위의 행동을 하는 방법에 대해 생각해 보고, 직접 연습해 봅시다.

□	▲	●	☎	◆	→	Σ	※
ㄱ	ㄴ	ㄷ	ㄹ	ㅁ	ㅂ	ㅅ	ㅇ
∴	■	▽	☞	↕	Ω	♫	◎
ㅈ	ㅊ	ㅋ	ㅌ	ㅍ	ㅎ	ㄲ	ㄸ
∩	+	=	∫	♪	☎	㊞	ⅲ
ㅆ	ㅉ	ㅃ	ㅏ	ㅓ	ㅗ	ㅜ	ㅡ
÷	·	∨	《	〖	◇	CC	↘
ㅣ	ㅖ	ㅐ	ㅘ	ㅔ	ㅖ	ㅙ	ㅟ

✏️ 위의 보기에서 암호를 찾아 해당하는 자음/모음을 써보세요.

↕	÷	☎	□	÷	Ω	∫	□	÷

✏️ 정답은 무엇일까요?
· ·

✏️ 지루한 수업 시간 중, 위의 '정답'에 적힌 행동을 하려면 어떻게 해야 할까요? 위의 행동(정답)을 하면 어떤 점이 좋을까요? 수업 시간에 방해되지 않는 범위에서 위의 행동을 하는 방법에 대해 생각해 보고, 직접 연습해 봅시다.

🏠 수업 시간이 지루해서 하는 나의 행동으로 인해 다른 사람들은 어떤 생각과 기분이 들지 다음 빈칸에 써 봅시다.

수업 시간에 이런 행동을 하면?	어떤 생각과 기분이 들까?
지루하니까 엎드려 잘래.	선생님은 잠을 자는 너를 보면서 어떤 생각과 기분이 들까?
휴대폰 게임이나 해야지.	게임하는 너를 보면 친구들과 선생님은 어떤 생각과 기분이 들까?
옆 친구한테 장난쳐볼까?	수업 시간에 짝꿍에게 계속 장난을 친다면 짝꿍은 어떤 생각과 기분이 들까?
교과서를 구겨야지!	교과서 모서리 부분을 구기면서 놀고 있는 너를 보면 선생님과 친구들은 어떤 생각과 기분이 들까?

수업 시간에 이런 행동을 하면?	어떤 생각과 기분이 들까?
교실 밖으로 나갈 거야!	네가 수업 시간 중 나가버리면 선생님과 친구들은 어떤 생각과 기분이 들까?
낙서해야지~	낙서하고 있는 너를 선생님과 친구들이 본다면 어떤 생각과 기분이 들까?
창문 밖을 쳐다보고 있을 거야.	수업에 집중하지 않고 창밖을 쳐다보고 있는 너를 보며 선생님은 어떤 생각과 기분이 들까?
만화책을 봐야지!	교과서를 보지 않고 만화책을 보고 있는 너를 보면 선생님과 친구들은 어떤 생각과 기분이 들까?

수업 시간에 이런 행동을 하면?	어떤 생각과 기분이 들까?
이어폰 끼고 노래 들어야겠다.	이어폰을 끼고 있는 너를 보면서 선생님은 어떤 생각과 기분이 들까?
선생님한테 큰 소리로 장난치는 말을 할 거야!	수업 시간 중 불필요한 말을 큰 소리로 말하는 너를 보면서 친구들과 선생님은 어떤 생각과 기분이 들까?

5

공공장소
예절

공공장소 이용 예절

👤 다음 이야기를 보고 어떤 상황인지 생각하며 이야기 나누어 봅시다.

　　민철이와 석용이는 함께 공공 도서관에 갔어요. 민철이는 도서관에 들어서자마자 책장 사이로 뛰어가며 소리쳤어요. "우와! 책 엄청 많네!" 그리고는 책장에서 책을 마구잡이로 꺼내 어지럽혀 놓았어요. 석용이는 민철이의 행동을 보고 얼굴이 빨개졌어요. 민철이는 아랑곳하지 않고 '만화' 코너로 달려가 석용이를 불렀어요. "석용아!!! 여기 만화도 있어!!!!! 이쪽으로 와!!!" 석용이는 인상을 쓰며 민철이에게 조용히 하라고 손짓했어요. 책을 빌려서 나오며 석용이는 한숨을 푹 내쉬었어요.

생각 넓히기

1 무슨 일이 일어났는지 이야기해 봅시다.

2 민철이의 행동 중 잘못된 부분은 무엇이고, 왜 잘못 되었다고 생각하는지 말해 봅시다.

3 민철이와 함께 있었던 석용이는 어떤 생각과 기분이 들었을까요?

4 민철이를 본 주변 사람들은 어떤 생각과 기분이 들었을까요?

5 공공장소란, 어떤 곳을 말하는 걸까요? 공공장소에 대해 말해 봅시다.

6 공공장소에서 지켜야 할 규칙에 대해 3가지 이상 말해 봅시다.

🏠 공공장소에서 지켜야 하는 알맞은 규칙을 찾아 연결하세요.

공중 화장실 •

공원, 놀이터 •

• 놀이기구는 사용 규칙을 지켜 안전하게 이용해야 해요.

• 밖에서 문을 두드리면, 안에서도 노크를 해 주어서 안에 사람이 있음을 알려주어야 해요.

• 문을 열기 전 꼭 노크를 해요.

• 놀이기구를 이용할 때엔 차례를 기다려야 해요.

• 물티슈나 다른 쓰레기를 변기에 넣으면 안돼요!

• 한 가지 놀이기구를 일정 시간 이용한 후, 다음 사람을 위해 양보해주어야 해요.

• 바닥에 물을 뿌리거나, 세면대에서 장난을 치면 안돼요.

• 밖에서 먹은 간식 봉투나 쓰레기는 휴지통에 버리거나, 챙겨서 다시 가지고 와서 정리해요.

• 꽃이나 나무를 함부로 꺾지 않고, 금지구역의 잔디를 밟지 않아요.

• 용변이 끝나면 변기 물을 내려야 해요.

도서관

- 모르는 사람의 벗은 몸을 빤히 쳐다보거나 함부로 만지지 마세요.

- 손에 침을 묻혀 책장을 넘기지 않아요.

- 들어갈 때, 신발 소리가 나지 않도록 조용히 해야 해요.

- 탕 안에서 수영이나 물놀이를 하면 안돼요.

- 책을 읽을 때에는 펜으로 줄을 긋거나 더럽히면 안돼요.

- 탈의실로 갈 때에는 물기를 닦은 후, 이동해요.

공중 목욕탕, 찜질방

- 소리가 울리기 때문에 크게 소리 지르지 마세요.

- 보지 않는 책을 마구 꺼내서 어지럽혀놓지 않아야 해요. 책은 제자리에!

- 먼저 몸을 깨끗하게 씻은 후, 공중 탕에 들어가요.

- 큰 소리를 내지 않고, 꼭 필요한 말을 아주 작은 소리로 짧게 말해요.

버스, 지하철 안에서

- 줄이 줄어들면 앞 사람을 따라 천천히 앞으로 이동해요.

- 서서 기다리는 동안 자신의 자리를 잘 지켜요.

- 전화를 너무 오래 하거나 큰 소리로 말하지 않아요.

- 나와 친한 사람이라고 앞자리로 새치기하게 해주는 것은 안돼요.

- 운행 중 돌아다니거나, 좌석을 계속해서 이동하면 안돼요.

- 누군가 자리를 양보해주면 감사 인사를 전하고, 노약자에게는 나도 자리를 양보해요.

줄을 설 때

- 앞뒤 사람과 몸이 부딪히거나 너무 가깝지 않도록 적당한 거리를 유지하며 줄을 서요.

- 좌석에 신발을 신고 올라가지 않아요.

- 운행 중에는 음식물을 먹지 않아요.

- 주변 통행로로 지나다니는 사람들을 방해해서는 안돼요.

음식점	나의 식기는 한 개만 사용하고, 떨어뜨리거나 더러운 경우에만 교체해요.
	식사하는 사람들 사이로 뛰어다니거나 계속 돌아다니면 안돼요.
	음식으로 장난치거나 손으로 집어먹으면 안돼요.
	밥을 다 먹은 후에는 모두 식사가 끝날 때까지 조용히 기다려요.
	다른 사람이 식사하는 곳에 기웃거리거나, 빤히 쳐다보는 것은 실례예요.
에스 컬레이터, 엘리베이터	발판에 표시된 선을 잘 보고 신발이나 끈이 끼지 않도록 조심해요.
	다음 층에 도착할 때 주의를 기울이지 않으면 넘어질 수 있어요.
	엘리베이터 문에 기대지 않아요.
	다른 사람이 타려고 하면 '열림' 버튼을 눌러주어요.
	층수가 적힌 모든 버튼을 함부로 누르지 마세요.

🏠 사다리 타기를 하면서 어떤 장소의 공공예절인지 이야기해 봅시다.

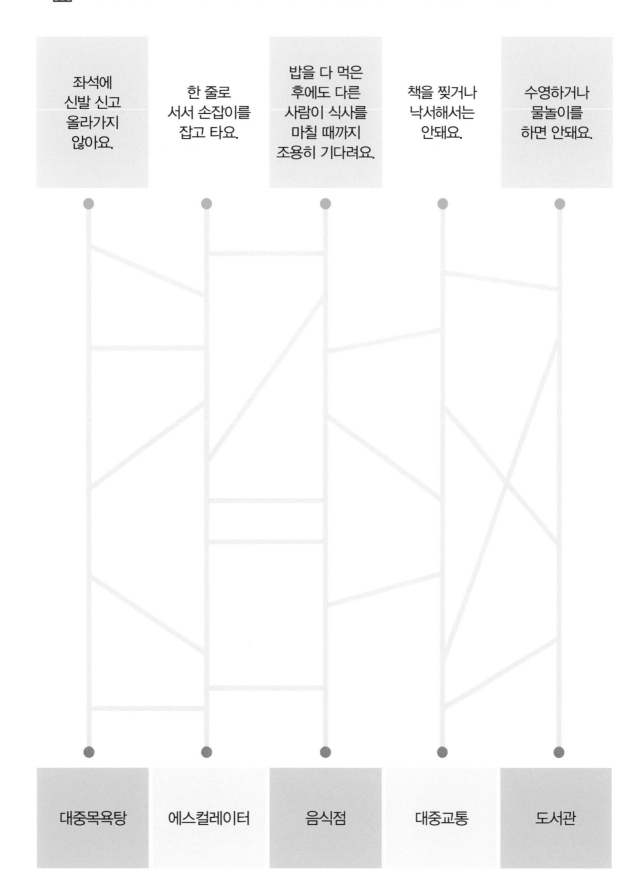

좌석에
신발 신고
올라가지
않아요.

한 줄로
서서 손잡이를
잡고 타요.

밥을 다 먹은
후에도 다른
사람이 식사를
마칠 때까지
조용히 기다려요.

책을 찢거나
낙서해서는
안돼요.

수영하거나
물놀이를
하면 안돼요.

대중목욕탕

에스컬레이터

음식점

대중교통

도서관

금지구역의
잔디를 함부로
밟으면 안돼요!

새치기를
하지 않고
차례를
지켜요.

몸을 깨끗하게
씻은 후
탕에 들어가요.

볼일을 본
후에는
반드시
물을 내려요

뛰어다니거나
소리 지르면 다른
사람의 식사에 방
해돼요.

식당

줄 설 때

공원

대중목욕탕

공중화장실

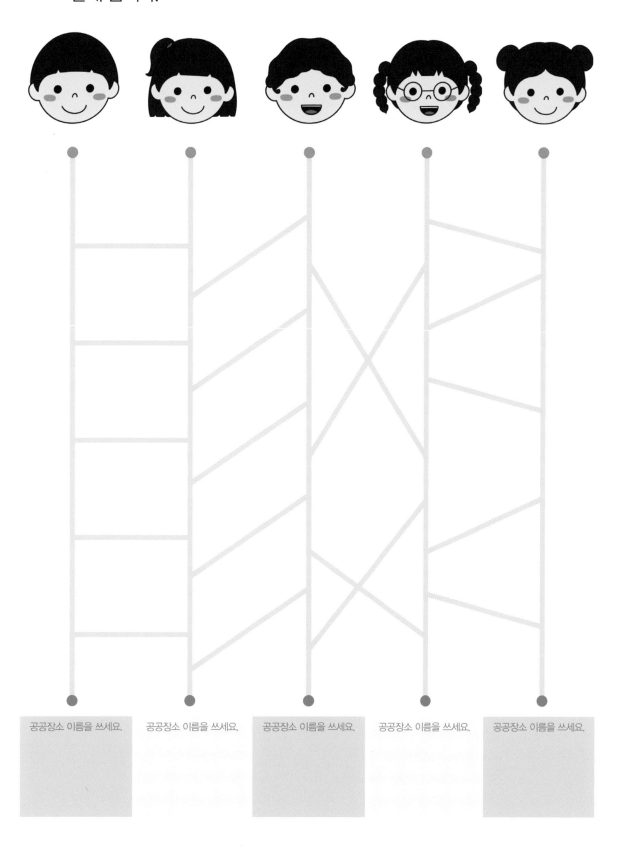

다음 제시된 사다리의 아래쪽에 여러 가지 공공장소 명칭을 써주세요. 그리고 캐릭터 중 하나를 골라 사다리 타기를 해 봅시다. 사다리 타기를 통해 선택된 공공장소를 보고 그 장소에서 지켜야 하는 규칙을 1가지 이상 말해 봅시다.

공공장소 이름을 쓰세요.

공공장소 이름을 쓰세요.

공공장소 이름을 쓰세요.

공공장소 이름을 쓰세요.

공공장소 이름을 쓰세요.

🏠 '공공장소 그림 카드'를 활용하여 분류 놀이를 해 봅시다.

    ('공공장소 그림 카드'는 p.151에 있습니다)

아주 조용히 해야 하는 장소	소리는 지르면 안 되지만 대화는 가능한 곳

자유롭게
돌아다닐 수 있는 곳

함부로 돌아다니거나
이동하면 안 되는 곳

반드시
줄을 서야 하는 곳

줄을 서지 않아도
괜찮은 곳

차 안에서 지켜야 하는 규칙

 다음 이야기를 보고 어떤 상황인지 생각하며 이야기 나누어 봅시다.

오늘은 해님 학교의 견학일이에요. 아이들이 관광버스에 올라탔지요. 출발하기 전, 선생님은 아이들에게 당부하셨어요.

"여러분, 차가 움직이는 동안 안전벨트를 꼭 착용하세요. 일어서서 돌아다니거나 옆 사람과 싸우면 안 됩니다. 모두가 함께 타는 버스이니 작은 소리로 이야기해주세요. 마지막으로 창문을 열고 손이나 머리를 내밀지 마세요!"

약 30분 후, 상아와 지용이는 소리치며 싸우기 시작했어요. 급기야 경미는 안전벨트를 풀고 일어났답니다. 뒷자리에 앉아 있던 주희는 버스 창문을 열고 손을 내밀며 웃었어요.

생각 넓히기

1 무슨 일이 일어났는지 이야기해 봅시다.

2 선생님이 알려준 '버스에서 지켜야 하는 규칙'은 무엇인가요?

3 바르게 행동한 친구와 그렇지 않은 친구를 그림에서 찾아보세요.

4 올바르지 않은 행동을 본 운전자의 표정을 상상하며, 어떤 생각과 감정이 들었을지 이야기해 봅시다.

5 만약 '버스에서 지켜야 하는 규칙'을 지키지 않으면 어떤 일이 일어날까요?

6 버스에서 일어날 수 있는 사고에 대해 이야기해 봅시다.

🏠 도형에 들어있는 낱말들을 조합해 완전한 문장으로 만들어 보세요. 그리고 완성한 문장의 의미가 옳은지, 옳지 않은지 생각하여 바르게 설명해 봅시다.

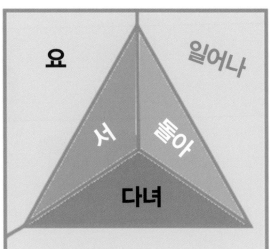

✏️ 완성된 문장을 아래에 쓰세요.

 ....

....

....

....

🏠 '차 안에서 지켜야 하는 규칙' 안내판입니다. [보기]와 같이 규칙을 쓰고 관련된 그림을 그려봅시다. 다른 사람에게 지켜야 하는 이유에 대해서도 설명해 보세요.

보 기

'차 안에서 지켜야 하는 규칙'을 생각하여 쓴 후, 이를 그림으로 나타내봅시다.

차 안에서는 일어나면 안 돼요.

1

2

3

4

✏️ 위의 4가지 규칙 말고도 차 안에서 지켜야 할 행동은 무엇이 있을까요?

예) 앞좌석을 발로 차면 안돼요!

69

🏠 상황을 보고 어떤 말을 해줄 수 있을지 생각하여 말풍선 안에 써 봅시다.

보 기

차 안에서 2명의 친구가 서로를 밀며 싸우고 있어요!

얘들아, 그만 싸워!
차 안에서 싸우면 위험해!
다른 친구들한테도
방해되고 시끄럽잖아.

달리는 차 안에서 친구가 일어나서 돌아다녀요.

버스에서 창문 밖으로 손을 내밀어요.

사람이 많은 버스 안에서 큰 소리로 떠들어요!

 TIP

차 안에서 일어나면 안 되는 상황은 또 무엇이 있을까요? 그 상황에서 나는 무슨 말을 할 수 있을까요?

예) 차 안에서 일어나는 안 되는 상황 : 앞좌석을 발로 차는 행동

할 수 있는 말 : "발로 차지 마세요. 의자가 흔들려서 멀미가 나요."

'시내버스에서 지켜야 하는 규칙'에 대해 알아 봅시다. 올바른 행동으로 알맞은 것을 찾아 색칠해 보세요. 올바르지 않은 행동에 대해서도 왜 하면 안 되는 행동인지 이야기해 보아요.

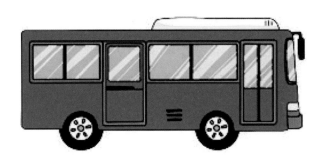

마시던 음료는 들고 타면 안돼요.	버스가 멈추면 천천히 내려요.
버스가 움직일 때 이동해요.	발을 통로 쪽으로 내밀어요.
정해진 요금보다 적게 내요.	노약자석은 그 분들이 탈 수 있게 자리를 비워두어요.
길 아무 곳에서나 버스를 태워달라고 소리쳐요.	비상용 망치를 꺼내서 장난쳐요.

서서 버스를 탈 때에는 손잡이를 꼭 잡아요.	버스 안에서 서서 두 손으로 휴대폰을 해요.
기사 아저씨에게 인사해요.	버스 문이 열리면 사람들 사이로 새치기해서 빠르게 올라타요.
창문 밖으로 손을 내밀어요.	하차 벨을 계속 눌러요.
몸이 불편한 분에게 자리를 양보해요.	앉아서 휴대폰 소리를 들을 때에는 이어폰을 사용해요.

하차하는 문 앞을 막고 서 있어요.	버스 요금은 타기 전 미리 준비해요.
내 옆자리에 앉지 못하게 가방을 올려두어요.	버스 손잡이에 매달려요.
큰 소리로 전화 통화를 해요.	다른 사람과 부딪치지 않도록 조심해요.
에어컨 틀었을 땐 창문을 닫아요.	사람이 많은 버스에서 내 마음대로 버스 창문을 활짝 열어요.

영화를 볼 땐 조용히!

👤 다음 이야기를 보고 어떤 상황인지 생각하며 이야기 나누어 봅시다.

태경이네 가족은 새로 나온 영화를 보러 영화관에 갔습니다. 자리에 앉아서 기다리자 스크린에서 '영화관에서 지켜야 할 주의사항'을 알려주었습니다.

'**앞좌석에 발을 올리거나 차지 마십시오. 영화 상영 중 큰 소리로 떠들거나 돌아다니는 행동은 타인에게 피해를 줄 수 있으니 하지 마세요. 휴대폰은 진동으로 바꿔주시길 바랍니다.**'

영화가 시작되고 앞좌석에 다리를 올리고 있던 태경이는 앞에 앉아 있는 동생에게 팝콘을 달라고 소리쳤습니다. 동생은 뒷좌석으로 팝콘을 던졌고, 바닥은 온통 팝콘으로 엉망이 되었습니다.

생각 넓히기

1 무슨 일이 일어났는지 이야기해 봅시다.

2 영화관에서 지켜야 하는 규칙은 무엇이 있었나요?

3 바르지 않은 행동을 본 다른 사람들의 표정을 그려보고 어떤 생각과 감정이 들었을지 이야기해 봅시다.

4 태경이와 동생의 행동으로 인해 어떤 일이 벌어졌을까요?

5 태경이와 동생이 올바르게 행동하려면 어떻게 했어야 할까요?

6 영화관에서는 왜 규칙을 지켜야 할까요?

🏠 다음은 영화관에서 볼 수 있는 안내판 문구입니다. [보기]와 같이 알맞은 상황 그림에 동그라미 표시를 하고, 어울리는 표어 문구를 생각하여 써 봅시다.

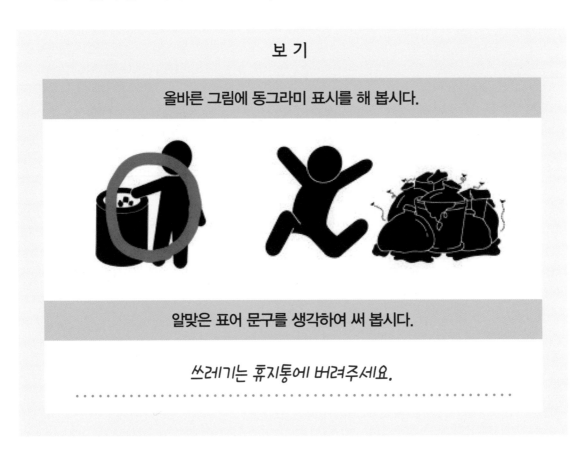

1) 영화관 좌석에서는?

올바른 그림에 동그라미 표시를 해 봅시다.

알맞은 표어 문구를 생각하여 써 봅시다.

2) 영화관에서 목소리는?

올바른 그림에 동그라미 표시를 해 봅시다.

알맞은 표어 문구를 생각하여 써 봅시다.

. . . .

3) 영화관에서 휴대폰은?

올바른 그림에 동그라미 표시를 해 봅시다.

알맞은 표어 문구를 생각하여 써 봅시다.

. . . .

4) 영화관에서 음식은?

올바른 그림에 동그라미 표시를 해 봅시다.

알맞은 표어 문구를 생각하여 써 봅시다.

....

3) 영화관에서의 행동은?

올바른 그림에 동그라미 표시를 해 봅시다.

알맞은 표어 문구를 생각하여 써 봅시다.

....

✏️ 위의 상황 외에도 영화관에서 지켜야 할 예절은 무엇이 있을까요?

다음은 사람들이 영화관에서 영화를 보는 모습입니다. 올바르지 않은 행동을 하는 사람을 찾아 X 표시하세요. 올바르지 않은 행동 때문에 주변 사람들이 어떤 감정을 느끼고 있을지 생각하여 말해 봅시다.

올바르지 않은 행동을 찾아 쓰시오.	다른 사람들은 어떤 감정을 느낄까요?

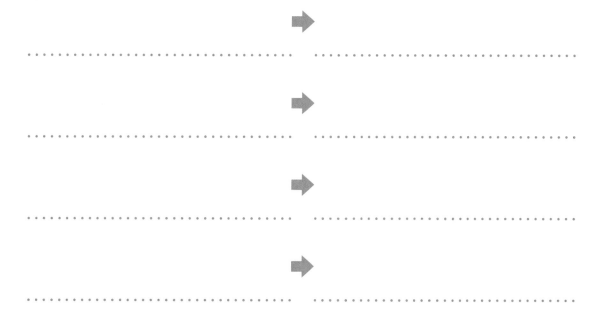

앞좌석에 발을 올려요. ➡ 너무 불쾌하고 기분 나빠. 발 좀 내려줬으면 좋겠어. 발 냄새 나잖아!

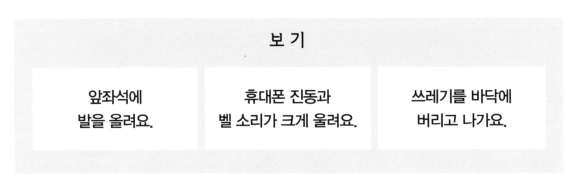 [보기]에는 영화관에서 하면 안 되는 행동들이 제시되어 있습니다. 이 중 하나를 선택하여 빈칸에 써 봅시다. 올바르지 않은 행동을 보는 주변 사람들은 어떤 감정을 느낄지 관람차에서 골라 선을 그어 보세요. 2가지 이상의 감정을 골라도 된답니다!

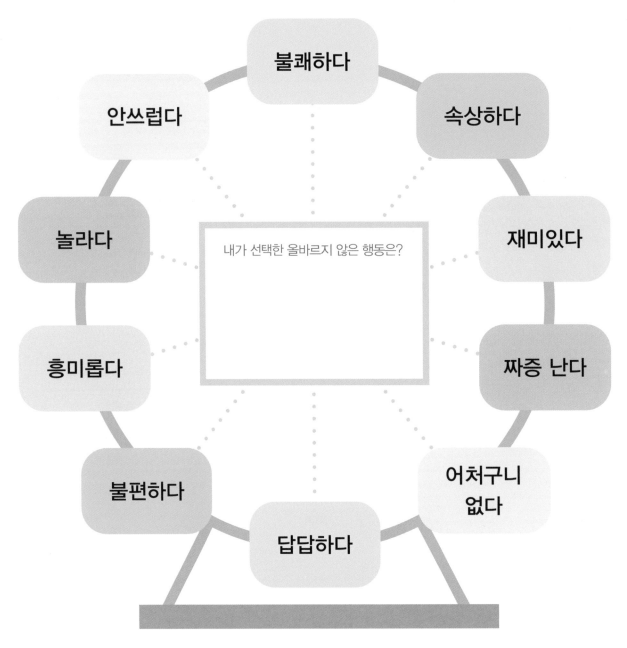

영화 상영 중
일어나서 돌아다녀요.

영화가 시작했는데
큰 소리로 이야기해요.

휴대폰 액정을
밝게 켜놓고
계속 문자를 보내요.

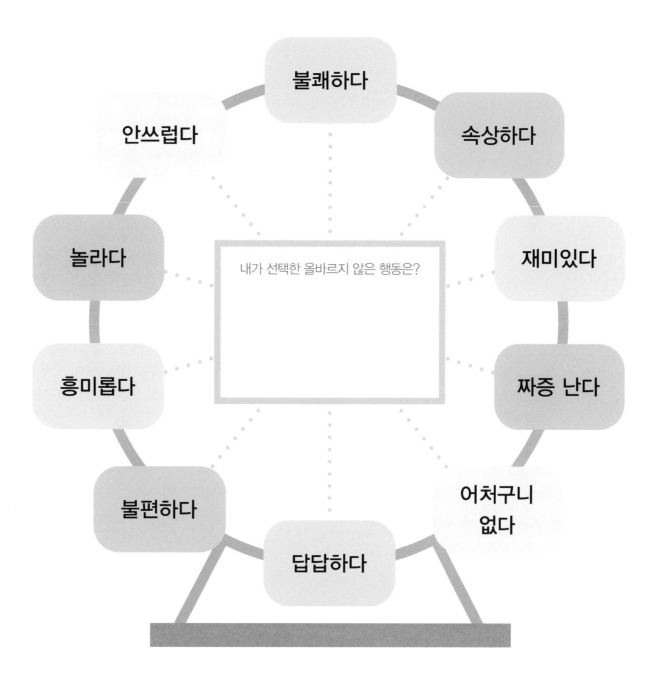

불쾌하다

속상하다

안쓰럽다

재미있다

놀라다

내가 선택한 올바르지 않은 행동은?

흥미롭다

짜증 난다

불편하다

어처구니
없다

답답하다

81

영화 상영 중
일어나서 돌아다녀요.

영화가 시작했는데
큰 소리로 이야기해요.

휴대폰 액정을
밝게 켜놓고
계속 문자를 보내요.

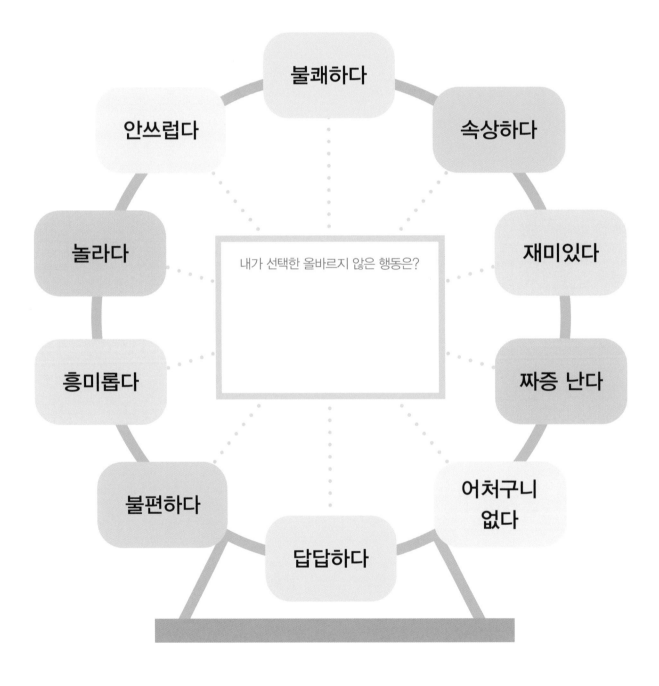

불쾌하다

속상하다

안쓰럽다

재미있다

놀라다

내가 선택한 올바르지 않은 행동은?

짜증 난다

흥미롭다

어처구니
없다

불편하다

답답하다

🏠 보기와 같이 영화관에서 하면 안 되는 행동을 하는 사람에게 할 수 있는 정중한 표현을 생각하여 말풍선 안에 써 봅시다.

보 기

불편해서 그런데,
괜찮으시다면
발 좀 내려주시겠어요?

앞좌석에
발을 올려요.

✏️ START

핸드폰을 켜고
계속해서 문자를 해요.

많은 양의 간식 봉투를
시끄럽게 뜯어요.

내 자리와 가까운
주변 좌석을 발로 차요.

영화 시청 중
계속해서 뒤를 돌아봐요.

손을 들거나
수시로 기지개를 펴요.

✏️ 가족, 친구와 함께 영화관 놀이를 하며 생각한 표현을 연습해 봅시다.

영화관에서 하면 안 되는 행동을 써 봅시다.

영화관에서 하면 안 되는 행동을 써 봅시다.

영화관에서 하면 안 되는 행동을 써 봅시다.

영화관에서 하면 안 되는 행동을 써 봅시다.

6

사이버 관계망
예절

SNS 올바르게 사용하기

진석이는 휴대폰으로 사진 찍는 것을 좋아합니다. 부모님은 진석이에게 **"다른 사람의 사진을 함부로 찍어서 SNS에 올려서는 안 된단다. 조심하렴."** 하고 항상 말씀하셨어요.

다음 날, 진석이는 집에 가는 길에 우연히 얼굴에 아주 큰 점이 있는 아저씨를 보았습니다. 진석이는 몰래 휴대폰으로 아저씨 얼굴을 찍은 뒤, SNS에 다음과 같은 글을 적어 사진과 함께 올렸습니다.

'얼굴에 점 좀 봐 ㅋㅋㅋㅋㅋㅋㅋㅋㅋ'

생각 넓히기

1 무슨 일이 일어났는지 이야기해 봅시다.

2 SNS란 무엇인가요? 내가 사용하는 SNS는 무엇이 있나요?

3 왜 다른 사람의 얼굴을 함부로 찍으면 안 될까요?

4 다른 사람의 사진을 마음대로 SNS에 올린 진석이는 앞으로 어떻게 될까요?

5 다른 사람이 나의 얼굴을 찍어 SNS에 함부로 공유한다면 어떨까요?

6 SNS를 사용할 때 주의해야 할 점들을 더 생각해 봅시다.

🏠 SNS에 관한 짧은 설명글을 읽고, 빨간색으로 표시된 새로운 단어의 뜻을 찾아 써보세요. 배운 단어를 활용해 새로운 문장도 만들어 봅시다.

SNS 설명글

인터넷은 익명성이 있어서 나를 숨기고 남에게 상처를 주는 언행을 하기 쉽습니다. 따라서 메시지를 보내거나 리플을 달 때에는 바르고 고운 말을 써야 합니다. 내가 다른 누군가에게 범죄를 당할 수도 있기 때문에 조심해야 하지요. 온라인에서는 함부로 다른 사람의 초상권과 저작권을 침해해서도 안 된답니다. 유익하고 안전하며 건강한 SNS 공간을 만들기 위해 모두 네티켓을 지키며 올바르게 SNS를 사용합시다!

✏️ 빨간색으로 표시된 단어들의 뜻을 찾아 봅시다.

익명성　자신의 본이름을 숨기는 특성 (예시)

➡️ 투표는 익명성이 보장된다.

언행

➡️

리플

➡️

범죄

➡️

온라인

➡

초상권

➡

저작권

➡

침해

➡

유익

➡

SNS

➡

네티켓

➡

🏠 다음 제시된 주제 중 1가지를 골라 표어를 만들고, 아래의 도안을 활용하여 '올바른 SNS 사용'에 대한 캠페인 포스터를 완성해 봅시다.

주 제

(1) 언어 예절 지키기
(2) 초상권과 저작권 지키기
(3) 악플과 선플
(4) 개인정보 보호하기

포스터 그림을 그려주세요.

표어를 써주세요.

🏠 사진(p.153)을 SNS에 공유하려고 합니다. 사진 속 상황을 잘 살펴보고, 허락 없이 찍힌 다른 사람들의 얼굴이 함부로 SNS에 공유되지 않도록 가려봅시다.

제시된 사진 중 하나를 선택하여 스티커나 크레파스, 불투명 테이프 등으로 모르는 사람들의 얼굴을 가린 후, 휴대폰 SNS에 붙여 봅시다.

✏️ 사진 속 상황을 보고 누가 무엇을 하고 있는지에 대해 얘기하며, 왜 사람들의 얼굴이 함부로 SNS에 올라가면 안 되는지 생각하여 말해 봅시다.

제시된 사진 중 하나를 선택하여 스티커나 크레파스, 불투명 테이프 등으로
모르는 사람들의 얼굴을 가린 후, 휴대폰 SNS에 붙여 봅시다.

✏️ 사진 속 상황을 보고 누가 무엇을 하고 있는지에 대해 얘기하며, 왜 사람들
의 얼굴이 함부로 SNS에 올라가면 안 되는지 생각하여 말해 봅시다.

🏠 SNS에 올라온 글입니다. 댓글을 보고 좋은 댓글에는 👍, 나쁜 댓글에는 👎 에 색칠해주세요. 나만의 아이콘과 닉네임을 만들고, 올바른 댓글도 달아 봅시다.

 꾸잉꾸잉
가현언니가 방송에 나온다고? 기대됨 ^^

 가시콕콕
살 왜이리 찜? ㅋㅋ 방송 노잼일 듯 ㅋㅋ

 동글동글 귤
굴러 다니겠네 ㅋㅋ 옷 터질 거 같아〜〜〜

아이콘	나의 닉네임	
	댓글	👍 👎

🏠 'SNS 예절 바르게 사용하기'와 관련된 서약서입니다. 큰 소리로 읽고 자신의 이름과 사인을 하며 다짐해 봅시다.

SNS 예절
바르게 사용하기!

① 바른말, 고운 말을 사용해요! (욕설, 비방, 은어 사용 금지!)

② 다른 사람의 얼굴이나 사진을 무단으로 배포하는 것은 NO!
(초상권은 중요해요.)

③ 함부로 개인 정보를 알려주는 것은 안 돼요.

④ 아름다운 댓글 문화를 만들어야 해요.
(나쁜 말, 비난하는 말은 하지 마세요.)

⑤ 위험한 상황이나 위급할 때에는 촬영하지 말고,
도와주거나 119에 신고부터 하세요!

⑥ 다른 사람이 올린 자료를 퍼갈 때에는 출처를 꼭 밝혀요!
(저작권을 지켜주세요.)

위의 내용을 모두 확인하였고, 지킬 것을 맹세합니다.

이름: **확인:**

메신저에서 나의 대답은?

다음 이야기를 보고 어떤 상황인지 생각하며 이야기 나누어 봅시다.

윤아는 집에서 숙제를 하다가 휴대폰으로 온 메시지를 확인했어요.

'하준 : 윤아야, 너 내일 집에서 파티한다며?'

윤아는 어리둥절한 표정으로 답장을 했어요. '파티라니? 아닌데?'

친구들은 윤아의 메시지를 무시한 채, 빠르게 답장을 보내기 시작했어요.

'아윤 : 내일 2시까지 너희 집에 놀러 갈게. ^^ 같이 파티하자!'

'수아 : 신난다! 내일 윤아네 집에 놀러 가는 거야? 대박!'

윤아는 아니라고 재차 메시지를 보냈지만 답장은 오지 않았어요.

다음 날, 윤아는 아이들이 집에 온다는 말에 음식을 차려 놓고 기다렸어요. 하지만, 약속 시간이 한참 지나도록 아무도 오지 않았어요. 윤아는 메신저로 친구들에게 '어디야?' 라고 물었지만 아무도 답이 없었어요.

생각 넓히기

1 무슨 일이 일어났는지 이야기해 봅시다.

2 아이들이 윤아에게 왜 그런 행동을 했을까요?

3 연락이 없는 친구들을 기다리던 윤아는 어떤 생각과 감정이 들었을까요?

4 윤아는 앞으로 어떻게 할까요?

5 윤아와 같은 상황이 일어난다면 어떻게 대처할 수 있을까요?

 메신저에서 여러 상황이 일어났을 때에는 알맞은 대처 방법들이 있답니다. 가장 올바른 대처 방법을 선택해 봅시다.

"메신저로 나에게 계속 욕을 보내요."

어떻게 하면 좋을까요?

✏️ 다음 중 올바른 방법을 골라 색칠하세요.

> 욕을 들으면 기분이 정말 나빠!
> 나도 친구처럼 똑같이 욕을 해줘야지! 친구가 나에게 욕을 보내지 않을 때까지
> 계속 똑같이 해줄 거야! 너무 화가 나면 직접 찾아가서 때려야겠어.

> 너무 무서워. 어른들한테 말하면 친구들이 나에게 보복할 거야.
> 혼자 속으로 끙끙 앓더라도 숨기고 있어야겠어. 휴….
> 너무 속상하니까 메신저를 삭제해야겠어.

> 욕하지 말라고 당당하게 말해야지.
> 그래도 친구가 계속 나에게 욕을 보내면서 괴롭히면 답을 하지 않고 어른들에게
> 도움을 요청할 거야! 메신저는 삭제하지 않고 캡처해서 어른들에게 보여드려야지!

✏️ 또 다른 해결 방법은 무엇이 있을까요? 나에게 이런 일이 일어난다면 어떻게 대처하는 것이 현명한지 생각하여 써 봅시다.

"메신저에서 친구들이 나를 투명 인간처럼 대해요."

어떻게 하면 좋을까요?

✏️ 다음 중 올바른 방법을 골라 색칠하세요.

> 나를 왜 투명 인간처럼 대하냐고 따질 거야.
> 가만두지 않겠어. 만약 계속 메신저에서 나를 무시한다면
> 직접 찾아가서 욕할 거야.

> 나의 상황을 도와줄 곳이 필요해. 아이들이 나를 따돌리며 괴롭힌다고 생각되면
> 학교폭력신고센터 117에 도움을 청할 거야. 혹시 모르니까
> 모든 메시지는 남겨두어서 나의 상황이 잘 전달될 수 있도록 해야겠어.

> 나를 투명 인간 취급하는 아이들하고는 메신저하기 싫어! 초대된 단체 메시지
> 방을 나와버려야지. 다시 초대한다면 계속 무시하고 나와버릴 거야!
> 그래도 나아지지 않으면 메신저를 지워버리고 휴대폰을 부숴버리겠어!

✏️ 또 다른 해결 방법은 무엇이 있을까요? 나에게 이런 일이 일어난다면 어떻게 대처하는 것이 현명한지 생각하여 써 봅시다.

"아이들이 친구 한 명을 메신저로 왕따시켜요."

어떻게 하면 좋을까요?

✏️ 다음 중 올바른 방법을 골라 색칠하세요.

> 왕따시키는 것은 나쁜 행동이야.
> 동조하지 않고 조용히 메시지를 캡처해서 어른들에게 알려야겠어.
> 나부터 용기를 내야 더 이상 이런 피해가 없지.

> 잘못하다간 내가 왕따가 될 수도 있어.
> 다른 아이들처럼 똑같이 왕따 당하는 친구를 놀려야지.
> 내 일도 아닌데 뭐 어때. 어차피 다른 아이들도 하는 건데 즐겨야지.

> 나랑 관련 없는 일인데 상관하지 말자.
> 괜히 나서면 일만 복잡해지니까 모른 척 해야지.
> 아이들이 친구를 괴롭힐 때 적당히 맞장구만 쳐줘야겠다.

✏️ 또 다른 해결 방법은 무엇이 있을까요? 나에게 이런 일이 일어난다면 어떻게 대처하는 것이 현명한지 생각하여 써 봅시다.

"메신저로 나의 신체에 대한 이야기를 계속해요."

어떻게 하면 좋을까요?

✏ 다음 중 올바른 방법을 골라 색칠하세요.

무시해야겠어.
괜히 말했다가 소심하고 예민한 사람으로 나를 생각할 거야.
적당히 웃으면서 받아주다가 넘어가야지.

그만하라고 단호하게 말해야지.
다른 사람의 몸에 대해 함부로 말하는 것은
정말 기분 나쁘고 불쾌한 일이라는 걸 알려줘야 해.

나에게 관심을 가져 주나봐! 좀 더 적극적으로 나의 몸에 대해 알려줘야지.
나의 몸을 사진으로 찍어서 보여줄 거야.
메신저에 공유해서 다들 볼 수 있도록 해야지.

✏ 또 다른 해결 방법은 무엇이 있을까요? 나에게 이런 일이 일어난다면 어떻게 대처하는 것이 현명한지 생각하여 써 봅시다.

🏠 사이버 폭력에 대한 예시를 읽고 [보기]의 단어 중 알맞은 것을 골라 써 봅시다.

보 기

현금 강탈	성폭력	언어폭력	따돌림

게임 머니를 충전해달라고 하거나, 아이템을 사달라고 자주 이야기해요.

보기 중 알맞은 것을 골라 쓰세요.

나에게 문자나 메신저로 계속 욕을 해요.

보기 중 알맞은 것을 골라 쓰세요.

나를 메신저 대화방에 초대한 후, 나에 대한 험담을 하다가 모두 나가버려요.

보기 중 알맞은 것을 골라 쓰세요.

메신저로 나의 몸에 대해 이야기하기도 하고,
신체를 사진으로 찍어서 보내달라고 요구하기도 해요.

보기 중 알맞은 것을 골라 쓰세요.

🏠 대화를 모두 읽어 봅시다. 그리고 무슨 상황인지 말해 봅시다.

✏️ 어떤 일이 일어나고 있나요?

💡 TIP

역할극처럼 진행하여 아이들이 상황에 몰입할 수 있도록 도와주세요. (대화 창 색깔 : 노란색 – 아이, 하얀색 – 어른)

🏠 만약 나에게 온 메시지라면 어떻게 대처할지 말해 봅시다. 그리고 답장을
해야 하는 상황이라면 뭐라고 말할지 써보세요.

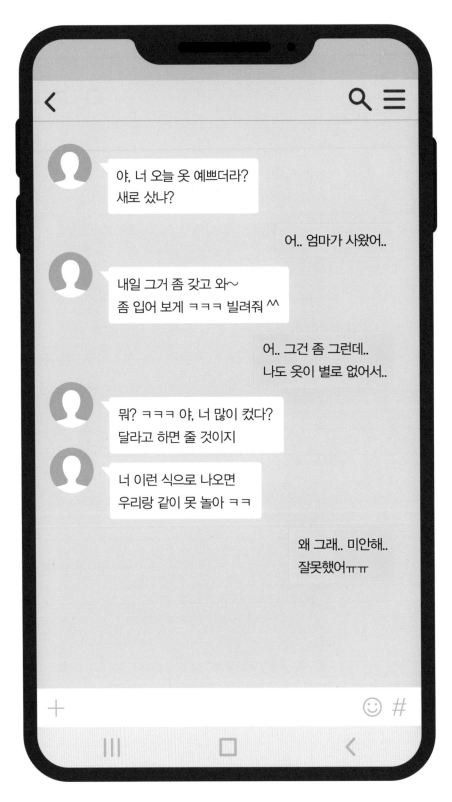

🏠 대화를 모두 읽어 봅시다. 그리고 무슨 상황인지 말해 봅시다.

✏️ 어떤 일이 일어나고 있나요?

💡 TIP

역할극처럼 진행하여 아이들이 상황에 몰입할 수 있도록 도와주세요. 다음의 상황에서 어떻게 대처해야 할지 이야기 나눠 보아요.

🏠 만약 나에게 온 메시지라면 어떻게 대처할지 말해 봅시다. 그리고 답장을 해야 하는 상황이라면 뭐라고 말할지 써보세요.

야, 너 오늘 옷 예쁘더라?
새로 샀냐?

내일 그거 좀 갖고 와~
좀 입어 보게 ㅋㅋㅋ 빌려줘 ^^

뭐? ㅋㅋㅋ 야, 너 많이 컸다?
달라고 하면 줄 것이지

너 이런 식으로 나오면
우리랑 같이 못 놀아 ㅋㅋ

문자로 소통하는 방법

👩‍🏫 다음 이야기를 보고 어떤 상황인지 생각하며 이야기 나누어 봅시다.

소라는 고민이 있어 친구인 혜민이에게 문자를 보냈어요. "혜민아, 나 어제 옆 반 수빈이를 만났는데, 걔가 흘겨보고 지나가는 거야! 난 잘못한 것도 없는데 너무 기분 나빴어." 문자를 읽은 혜민이는 답이 없었어요. 한참 뒤 "?"라는 답장이 도착했어요. 혜민이에게 속상하고 걱정되는 마음을 위로받고 싶었던 소라는 다시 문자를 보냈어요. "수빈이 걔가 다른 애들도 괴롭히고 그러잖아. 나한테도 나쁘게 하는 거 아니겠지? 좀 걱정되기도 하네.. ㅠㅠ" 혜민이는 또다시 답장이 없었어요. 다음 날 '띵동' 소라의 휴대폰 메시지 알림음이 울렸어요. "ㅇㅇ" 소라는 혜민이의 답장을 보고는 그대로 휴대폰을 꺼버렸어요.

생각 넓히기

1 무슨 일이 일어났는지 이야기해 봅시다.

2 소라는 혜민이와 메시지를 주고받으면서 어떤 생각과 감정이 들었을까요?

3 혜민이의 메시지는 어떤 점이 잘못되었나요?

4 혜민이는 소라의 문자에 어떻게 답해주는 것이 좋았을까요?

5 평소 내가 보내는 메시지는 어떤지 휴대폰을 열어 살펴봅시다.

🏠 다음 제시된 문자 대화를 보며 어떤 문제가 있는지 이야기해 봅시다. 문자로 대화하는 상황에서 메시지를 보낼 때에는 어떤 점들을 유의해야 할까요?

#1 #문자로대화하기 #줄임말 #인터넷채팅용어

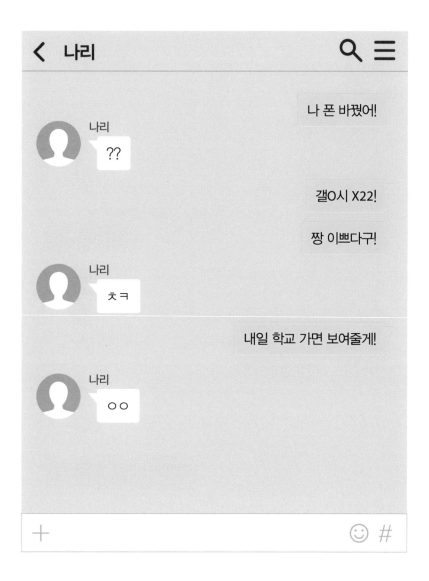

· 수아는 나리에게 어떤 말을 하려고 연락을 했나요?

· 나리가 수아에게 어떻게 답장을 보냈나요?

· 나리의 답장을 받고 수아의 기분은 어땠을까요?

· 만약 여러분이 위와 같은 메시지를 받게 된다면 어떤 기분이 들까요?

· 나리는 왜 수아에게 줄임말을 사용한 답장을 보냈을까요?

· 평소 '인터넷 채팅 용어' (ex. ㄱㄱ, ㅇㅇ, ㅇㅋ, ㅊㅋ) 를 사용하나요?

🏠 문자로 온 메시지를 보며 어떻게 답하는 것이 수아의 기분을 상하지 않게 하면서 대화가 자연스럽게 이어질 수 있을지 써 봅시다.

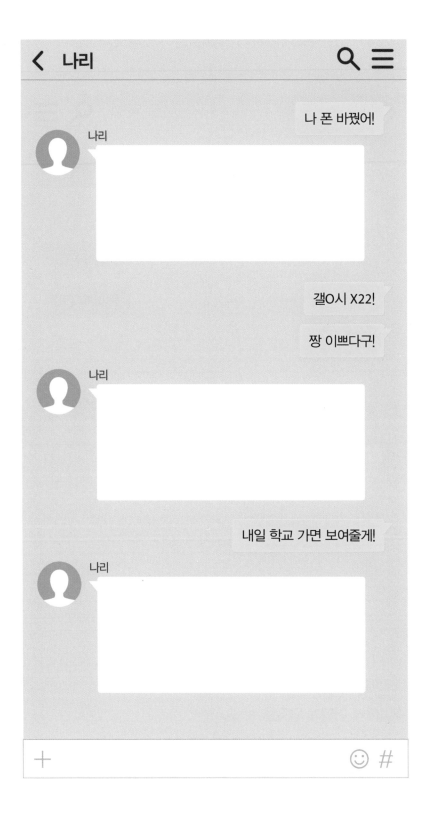

🏠 다음 제시된 문자 대화를 보며 어떤 문제가 있는지 이야기해 봅시다. 문자로 대화하는 상황에서 메시지를 보낼 때에는 어떤 점들을 유의해야 할까요?

#2 #문자대화 #답장이없는상황 #장황한말 #필요없는정보와필요한정보

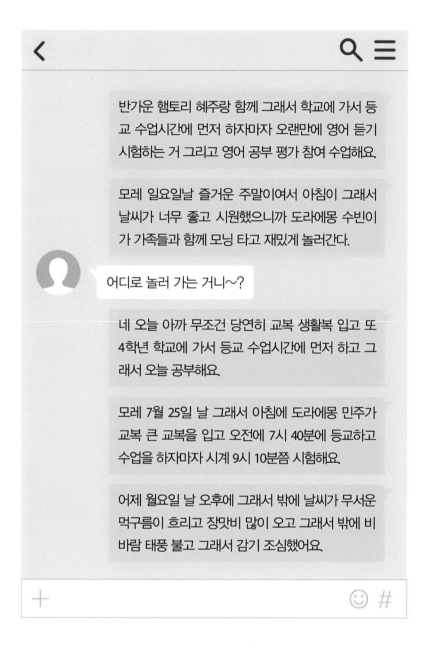

· 답장이 없는 상황에서는 어떻게 해야 할까요? 상대방은 왜 답장이 없거나 늦는 걸까요?

· 연속해서 문자를 많이, 계속 보내면 상대방은 어떤 생각과 기분이 들까요?

· 문자를 보낼 때에는 어떤 형태의 메시지를 보내는 것이 좋을까요?

· 장황하고 반복된 말이 많은 메시지는 왜 적절하지 않을까요?

· 문자를 주고받을 때, 왜 상대방의 메시지를 잘 읽어 보아야 할까요?

🏠 다음 제시된 문자 대화를 보며 어떤 문제가 있는지 이야기해 봅시다. 문자로 대화하는 상황에서 메시지를 보낼 때에는 어떤 점들을 유의해야 할까요?

#3 #문자대화 #단답 #이야기이어가기 #메시지로대화주고받기

· 문자로 대화하는 상황에서 단답(단문 답장)으로 대화를 하면 어떤 문제가 생길까요?

· 단답형의 답장을 받는 상대방은 어떤 생각과 기분이 들까요?

· 대화를 원활하게 잘 이어가려면 어떻게 답장을 보내는 것이 좋을지 생각해 봅시다.

🏠 문자로 온 메시지를 보며 어떻게 답하는 것이 수아의 기분을 상하지 않게 하면서 대화가 자연스럽게 이어질 수 있을지 써 봅시다.

🏠 메시지 연락을 할 때, 지켜야 하는 예의에 대한 표입니다. 잘 읽어 보고 올바른 답은 O, 잘못된 답은 X 표시해주세요.

1	욕을 해도 된다.	
2	다른 친구에 대해 욕하지 않는다.	
3	친구의 사진을 허락 없이 올린다.	
4	적절한 이모티콘을 사용한다.	
5	정보를 주고받는 단체 메시지 방(ex. 학교 메시지 방, 방과후교실 안내 메시지 방)에서는 필요한 이야기만 한다.	
6	친구와 둘이 나누는 이야기를 단체 메시지 방에서 계속 주고받는다.	
7	나의 문자만 계속 보내서 도배하는 것은 안 된다.	
8	새벽에 단체 메시지 방에 계속 메시지를 올려도 된다.	
9	다른 사람의 글에 대해 시비 걸지 않는다.	
10	사실만 이야기한다.	

🏠 다음 메시지에 대해 답장을 하려고 합니다. 어떤 이모티콘을 사용하는 것이 적절할까요? 아래 보기 중 적절한 이모티콘을 <u>모두</u> 골라보고, 왜 적절한지 말해 보세요.

우와, 너 정말 잘했다〜
진짜 멋져!!

?

1	2	3	4	5

너 오늘도 방 청소 안 하고 나갔지!!??

?

1	2	3	4	5

나 오늘 시험..
완전히 망쳤어.. ㅜㅜ

?

1	2	3	4	5

사회성
기술을 키우는
질문 카드

(Social Question Card On the Table)

활동 방법

하나, 카드를 선을 따라 잘라주세요.

둘, 테이블에 함께 둘러앉으세요. (최소 2인 이상)

셋, 카드를 하나씩 순서대로 뽑아주세요.

넷, 카드에 적힌 질문을 읽고 그에 알맞은 대답을 해 봅시다.

봄, 여름, 가을, 겨울 중에 어느 계절을 가장 좋아하니? 그 계절을 좋아하는 이유가 뭐야?	네가 가장 좋아하는 색깔은 뭐야? 그 색깔이 왜 좋아?	네가 기르고 싶은 동물은 뭐야? 왜 그 동물을 기르고 싶니?
너는 성격이 활발한 편이니? 아니면 조용한 편이니? 주변 사람들은 너의 성격에 대해 뭐라고 말하니?	어릴 때 만났던 선생님 중 가장 기억에 남는 선생님은? 왜 기억에 남는지 설명해 보렴.	최근 가장 즐거웠던 일을 이야기해 보렴. 그리고 가장 슬펐던 일도 이야기해 보자.
무거운 짐을 들고 있는 할아버지를 만난다면 어떻게 할 거니? 왜 그렇게 행동해야 된다고 생각해?	길을 가다가 10만 원을 줍는다면 어떻게 할 거야? 왜 그렇게 행동할 거니?	나쁜 습관 때문에 혼난 적이 있니? 무슨 습관이었니? 그 습관을 고치려면 어떻게 해야 할까?

엄마에게 거짓말을 해 본 적이 있니? 있다면, 어떤 거짓말을 했니? 왜 그랬는지도 말해 보렴.	가장 좋아하는 만화 캐릭터가 뭐야? 왜 그 캐릭터를 좋아해?	혼자 있는 것과 친구들과 함께 있는 것 중 무엇이 더 좋니? 왜 그렇게 생각해?
슬플 때 무엇을 하니? 반대로, 기쁠 때는 무엇을 하니?	부모님께 받은 선물 중에서 가장 기억에 남는 게 뭐야? 왜 그 선물이 가장 기억에 남니?	친구와 싸우고 며칠까지 말을 안 해봤니? 무슨 이유로 싸웠어?
이 세상에서 가장 무서운 게 뭐야? 왜 그렇게 생각해?	네가 원하는 대로 집을 짓는다면 어떻게 짓고 싶어?	친구에게 좋아하는 마음을 표현하는 게 중요하다고 생각해? 왜 그렇게 생각하니? 마음은 어떻게 표현하면 좋을까?

너에게 100만 원이 생긴다면, 그 돈을 어디에, 어떻게 쓸 거야? 왜 그렇게 하고 싶어?	10년 후, 너의 모습이 어떻게 변해 있을지 상상해 보고 말해 보렴.	이야기할 수 있는 비밀이 있니? 그 비밀에 대해 말해 보렴.
텔레비전이 없다면 어떻게 될까? 왜 그렇게 생각해?	좋은 친구가 되려면 어떻게 해야 된다고 생각하니? 왜 그렇게 생각해?	추억이 무슨 뜻이야? 너는 잊을 수 없는 추억이 있니? 어떤 추억이야? 왜 잊을 수 없는지 말해 보렴.
꼭 가보고 싶은 장소를 말해 보자. 만약 그곳에 간다면 무엇을 하고 싶니?	네가 가진 소원을 세 가지만 이야기해 보렴. 왜 그런 소원이 생긴 거니?	한 가지 특별한 재능을 가질 수 있다면 어떤 것을 가지고 싶어? 왜 그렇게 생각해?

하나의 감각
(보는 것, 듣는 것,
맛을 느끼는 것,
냄새를 맡는 것,
손으로 만지는 것)만
가질 수 있다면
어떤 걸 가지고 싶어?

왜 그렇게 생각해?

다른 사람에게
똑똑하다는 말을
들으려면
어떻게 해야 된다고
생각해?

꿈 때문에 잠에서
깬 적이 있니?

무슨 꿈이었어?

어른이 되고
싶었던 적이 있니?
만약, 어른이 된다면
무엇을 하고 싶니?

왜 그렇게 생각해?

물건을 사고 받은
거스름돈의 액수가
맞지 않으면
어떻게 할 거야?

만약, 금액을
더 많이 받았다면
어떻게 할 거니?

주변 사람들이
너를 어떻게
생각하는 것 같아?

왜 그렇게 생각해?

아프지 않고
건강하려면
어떻게 생활해야
된다고 생각해?

세상 사람들이
더 편리하게
생활할 수 있도록
발명을 해야 한다면
무엇을 만들고 싶어?

왜 그렇게 생각해?

친구들이 너를
부르는 별명이 있니?

누가 지어준 거야?

왜 그런 별명을
얻게 되었니?

사실이 아닌 말을
지어내서
말한 적이 있니?

있다면,
무슨 내용이었어?

왜 그렇게 했니?

하루 동안
다른 사람이 될 수 있다면,
누가 되고 싶니?
왜 그렇게 생각해?

떠오르는 사람이 없다면
부모님이나 친구 중
한 사람으로 바뀐다고
상상해 보렴.

어른이 되어서
열어볼 수 있는
타임캡슐에 넣을
편지를 쓴다면,
어떤 내용을
쓸 거야?

여자 형제와
남자 형제 중
누가 있었으면 좋겠니?

너보다 나이가
많은 것과 어린 것 중
어떤 것이 좋니?
왜 그렇게 생각해?

미래에
일어날 일 중에
한 가지를 미리
알 수 있다면
무엇에 대해
알고 싶니?

네가 새로운 언어를
만든다면 그 언어를
뭐라고 부를 거야?

그리고 네 이름은
무엇으로 정할 거야?

친구들이랑
여행을 갈 때,
네 옆자리에
누가 앉아서 가면
좋겠니?

그 사람이랑 가는 동안
무엇을 하고 싶어?

영화배우가 된다면,
어떤 역할을
해 보고 싶니?

살면서 꼭 만나보고
싶은 사람이 있다면
누구야?

왜 그 사람이
만나고 싶니?

가장 존경하는 사람은 누구야? 그분을 왜 존경하니?	친구의 앞니 사이에 고춧가루가 끼어 있다면 어떻게 할 거야? 만약, 알려 준다면 뭐라고 할 거야?	장래 희망을 말해 보자! 왜 그 직업을 가지고 싶은지도 함께 이야기해 보렴.
휴대폰도 안 터지고, 논과 밭만 있는 시골에 살게 된다면 어떨 것 같아? 왜 그렇게 생각해?	학교에 다니는 게 즐겁니? 학교에서 바뀌었으면 하는 부분에 대해 말해 보렴.	하루 동안 투명 인간으로 살 수 있다면 무슨 일을 하고 싶어? 왜 그렇게 생각해?
네가 기분이 안 좋을 때 친구들이 어떻게 너의 기분을 풀어줬으면 좋겠어?	다음 생이 있다면 여자와 남자 중에 어떤 성별로 태어나고 싶어? 왜 그렇게 생각해?	미래에 마당이 있는 집에서 살게 된다면 마당에서 무엇을 해 보고 싶어?

땅을 계속 계속
파면 어떤 일이
일어날까?

왜 그렇게 생각해?

오늘 하루가 어땠는지
이야기해 보렴.

무슨 일이 있었니?

기분은 어땠어?

네가 제일 좋아하는
반찬은 무엇이니?

그 반찬을 만드는
방법을 알아볼까?

외출을 할 때
꼭 챙기는
물건이 있니?

무슨 이유로
그 물건을 챙겨서
나가니?

사람들 앞에서 한
가장 큰 실수가 뭐야?

그때 사람들의
반응은 어땠니?

너의 주변에
인기가 많은 친구는
누구야?

그 친구는 왜
다른 사람들에게
인기가 많을까?

제일 좋아하는
장소는 어디니?

그곳에서는 무엇을
할 수 있어?

시험 점수를
잘 받기 위해서는
어떻게 해야 할까?

시험 점수를
잘 받으면
어떤 점이 좋아?

제일 좋아하는
게임은 무엇이니?

왜 그 게임을
좋아해?

친구가 화가 났거나 우울해하면 어떻게 할 거야?	네가 좋아하는 색깔과 싫어하는 색깔을 말해 보자. 왜 그렇게 느끼는지도 이야기해 보렴.	친하지 않은 친구에게도 친절하게 대해줘야 된다고 생각하니? 왜 그렇게 생각해?
상대방의 마음을 읽을 수 있다면 어떨까? 왜 그렇게 생각해?	초능력을 가지게 된다면 어떨까? 그 초능력을 언제, 어디에서, 어떻게 사용하고 싶어?	만약, 네가 태어나자마자 말을 할 수 있었다면 제일 먼저 무슨 말을 했을 것 같아?
너만의 비밀 장소를 가져 본 적이 있니? 있다면 그곳에서 무엇을 했니?	다른 사람이 너의 친구를 욕하면 기분이 어때? 너의 기분이 왜 그럴까?	믿음직한 사람이라는 의미가 무엇일까? 어떤 것이 사람을 믿음직스럽게 만든다고 생각하니?

활동 자료

다음 제시된 도안을 오려 '나의 수업 시간 저금통'을 만들어 봅시다.
(p.17에서 활용하세요.)

✏️ 다음 제시된 동전 도안을 오려 완성된 '나의 수업 시간 저금통'에 하나씩 넣어 봅시다. (p.17에서 활용하세요.)

잠자요	문자	일어나요	돌아다녀요	전화
엎드려요	간식을 먹어요	이야기	낙서	게임
밖으로 나가요	장난	소리를 질러요	몸을 계속 움직여요	머리를 만져요
필기	선생님을 봐요	문제를 풀어요	필기구를 빌려줘요	바른 자세
교과서를 봐요	앉아있어요	집중해요	발표	손 들고 말해요
대답	질문	공부	조용히 해요	지우개로 지워요

손잡이에 빗자루 솔을 오려 붙여 빗자루를 만들어 봅시다.
(p.44에서 활용하세요.)

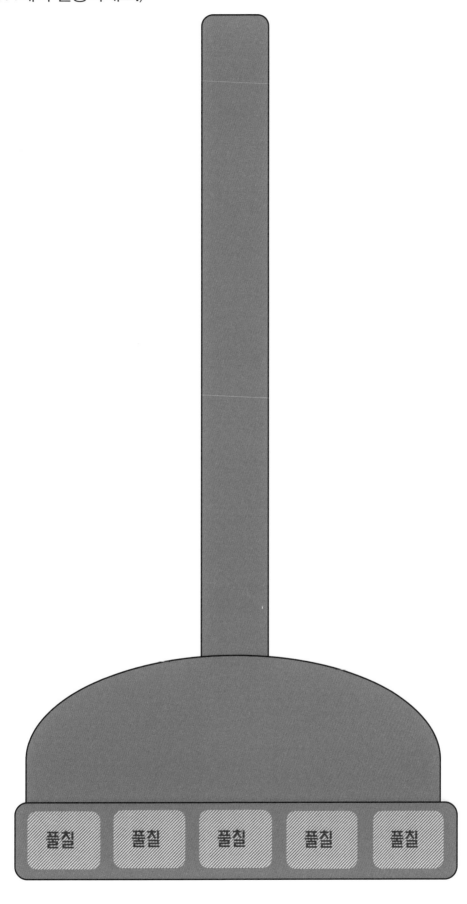

✏️ 손잡이에 빗자루 솔을 오려 붙여 빗자루를 만들어 봅시다.
(p.44에서 활용하세요.)

풀칠하여 돌돌 말아 붙여주세요.

교실 바닥을 청소하려고 해요. 어떻게 해야 할까요?

풀칠하여 돌돌 말아 붙여주세요.

창문이 너무 더러워요. 어떻게 해야 할까요?

풀칠하여 돌돌 말아 붙여주세요.

주변에 쓰레기가 가득해요. 어떻게 해야 할까요?

풀칠하여 돌돌 말아 붙여주세요.

먼지가 가득 쌓였어요. 어떻게 해야 할까요?

풀칠하여 돌돌 말아 붙여주세요.

🖍 '수업 시간에 지켜야 하는 약속' 퍼즐 판에 붙여 보세요. (p.46에서 활용하세요.)

[퍼즐 조각 1] 조각을 잘라 퍼즐 판에 붙여보아요.

[퍼즐 조각 2] 조각을 잘라 퍼즐 판에 붙여보아요.

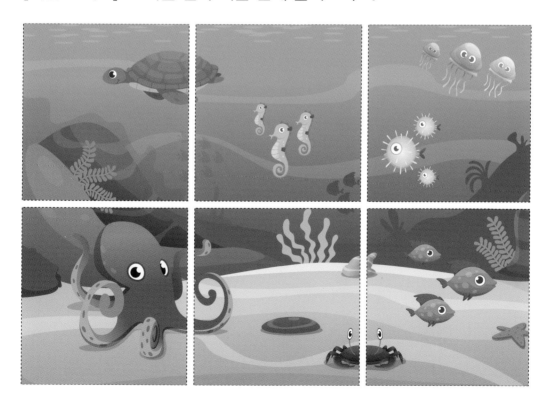

[퍼즐 조각 3] 조각을 잘라 퍼즐 판에 붙여보아요.

[퍼즐 조각 4] 조각을 잘라 퍼즐 판에 붙여보아요.

✏️ 공공장소 그림 카드. (p.64~66에서 활용하세요.)

공원	공중화장실	버스
지하철	도서관	식당
엘리베이터	놀이터	에스컬레이터
병원	영화관	미술관
대중목욕탕	마트	공항

✎ SNS에 업로드할 사진. (p.94~95에서 활용하세요.)